半導体最強
台湾

大国に屈しない
「チェーンパワー」の秘密

李世暉
台湾・政治大学
教授

半導体最強、台湾

大国に屈しない「チェーンパワー」の秘密

序文

チェーンパワーが決める新世界秩序

世界は計り知れないほど長く暗いトンネルに入っている。トンネルの先にはかすかな光があり、列車を急速に前進させる原動力は国家権力の新しい概念であるチェーンパワーだ。このチェーンパワーこそが、世界の4大火薬庫が次々に爆発し、世界が戦争に向かう状況を防ぐ鍵となる。人類が今後、幸福に導けるか、禍《わざわい》を招くかが分からない時代、すべてはその力を発揮できるかどうかにかかっている。

２０１８年から本格化した米中貿易戦争により、米国と中国という2大国間の競争が激化した。その後のロシア・ウクライナ戦争、イスラエル・パレスチナ紛争、半導体サプライチェーンを巡る競争により、国際的な政治的・経済的緊張はさらに高まっている。世界の地政学は暗くて光のないトンネルに入った高速列車のようなものだ。トンネル内は煙で充満し、前方の視界は遮られた。

この暗いトンネルに直面して、ほとんどの国際政治学者は悲観的な態度をとっている。最も代表的な見解は、米国の政治学者グレアム・アリソン氏のものだ。２０１７年に提唱された「トゥキディデスの罠」で、アリソン氏は歴史的証拠を通じて、アテネの台頭がスパルタの恐怖を引き起こし、それが最終的に戦争につながったと論じている。今日の米国と中国の関係もまた、アテネとスパルタの歴史、つまり新興覇権の歴史をたどっている。中国の台頭は既存の覇権国である米国を脅かしており、両国間の戦争は避けられない。

　しかし、本当に米国と中国間の戦争はアリソン氏が言うほど「避けられない」のだろうか。この暗い地政学的トンネルの先には光、明るい未来はあるのだろうか。これら２つの問題について考えるとき、私たちはまず米国と中国の間の主要な紛争問題が何であるかを理解する必要がある。

　各種戦略報告書を検討すると、米中対立の原因は３つある。１つ目は台湾海峡、東シナ海、南シナ海を巡る安全保障上の対立。２つ目は半導体を中心とした技術競争。３つ目はシーパワーとランドパワーを巡る米中の対立、価値観の違いだ。これら３つの主要な紛争には台湾という共通点がある。

密接につながる国家の実力に注目

　国際関係論の観点から見ると、地政学における最も重要な概念は「国力」だ。国力は政治・経済レベルでさまざまな形の「実力」として現れることになる。これまで国際関係学者たちは、どの国が世界情勢を最もよく主導できるかを分析するために、ハードパワー、ソフトパワー、スマートパワー（巧妙さ）、シャープパワー（鋭さ）などの概念を次々に提案してきた。ハードパワーは「軍事力」を重視し、ソフトパワーは「文化力」を、スマートパワーは「戦略力」を、シャープパワーは「メディア力」を重視する。これらの力を合計すると、その国の総合的な国力と特殊な力が見えてくる。

　しかし、歴史はダイナミックに前進し、新たな変数や新たな情勢が生まれている。21世紀の現時点において、こうした強さの指標のみに頼って国際情勢全体を分析することは、しばしば誤った判断を招く可能性がある。前述したように、米中対立は地理、技術、サプライチェーン、民主主義と全体主義的価値観など多方面に広がり、国力も本質的に変化している。地理的位置や、サプライチェーン、価値観の結びつきなどにおいて緊密に連鎖すればするほど、国力は強くなる。

　このような「連動する力」を「チェーンパワー」と呼ぶ。チェーンパワーの重要性、なぜそれが新しい時代に必要なのかをより明確に理解するためには、次の命題を考えてみるとよい。

■チェーンパワーとは何か

■なぜ今、チェーンパワーが注目されているのか

■なぜチェーンパワーは密接につながることを重視するのか

- なぜチェーンパワーは地理的空間に対する人間の理解を変えるのか
- なぜ人類史上初めて技術力が地政学の一部となったのか
- なぜシーパワーとランドパワーという伝統的な二分法が覆されたのか
- なぜ「緩衝地帯理論」の定義が書き換えられたのか
- チェーンパワーは世界の政局にどのような影響を与えるのか
- 新たな状況に直面して、チェーンパワーに含まれるアイランドチェーン、サプライチェーン、バリューチェーンは互いに何をすべきか

チェーンパワーとは何か

チェーンパワーとは、地政学が生み出した新しい意味の国力だ。それは地理的、経済的、普遍的価値観のつながりと、特定の国が行使する力に基づいている（図表0－1）。

チェーンパワーの特徴の1つに「非代替性」がある。例えば、地理的な場所やグローバルな経済を支える産業において他への置き換えができないものなどは、強い連携関係を生み出す。国際社会では、重要な問題に関する連携が広く深くなるほど、その国のチェーンパワーは強くなる。

現在の国際舞台における最も重要な問題は、安全保障、技術、価値観における米中の競

争と対立である。安全保障問題に関して、米中の対立が最も激しい海域は、ユーラシアと太平洋が交わる台湾海峡、東シナ海、南シナ海である。

米国は第2次世界大戦後、台湾を中心に北東アジアの日本、東南アジアのフィリピン、インドネシアまでを結ぶ列島線防衛システムを継承した。一方、中国は第一列島線包囲網を突破するため、台湾北側の宮古海峡と台湾南側のバシー海峡で海洋勢力を拡大している。

科学技術では、中国が科学技術発展の鍵となる技術、特に半導体技術を入手するのを阻止するために、米国は日本、韓国、台湾と半導体同盟を結び、世界の半導体サプライチェーンを支配している。一方、中国は半導体サプライチェーンの脆弱な関係を強化することに全力を注ぐとともに、台湾の半導体メーカーを取り込んで独立した半導体サプライチェーンを確立しようとしている。

価値観の問題に関しては、米国が推進する自由民主主義の価値観は、民主政治と経済的繁栄の前向きな関係を強調している。かつては、そのような価値観が旧ソ連の共産主義を打破する上で重要な力となった。一方で、中国は米国に代表される自由民主主義は、中国社会には合わないと主張している。中国の国家発展のもう1つの道筋、つまり独裁政権も経済的繁栄を生み出す可能性がある。

米中対立における上記3つの問題は、いずれも台湾と密接に関係している。地理的位置、技術発展、価値観が絡み合った発展傾向の下で、チェーンパワーは台湾の力を評価するための重要な概念となっている。

まず、台湾は第一列島線の中心に位置し、北東アジアと東南アジアを結ぶ重要な架け橋である。これが台湾の第1のチェーンパワーとなる。

次に、台湾積体電路製造（ＴＳＭＣ）を筆頭とする台湾の半導体企業は、世界の「半導体サプライチェーン」においてかけがえのない地位を占めており、主要国間の技術競争の行方に直接影響を与える。これが台湾の第2のチェーンパワーだ。

最後に、台湾は中国社会に民主主義と繁栄のモデルを確立することに成功し、「民主の連鎖」を通じて自由民主主義陣営と強固なパートナーシップを形成している。これが台湾の第3のチェーンパワーとなる。

この論理に従うと、中国の「レッドサプライチェーン」もチェーンパワーと見なされるのかと疑問に思う人もいるかもしれない。実際、中国を主体とするレッドサプライチェーンも「連動」効果を発揮しようとしている。

近年、中国はテクノロジー産業の強化に熱心に取り組んでいるだけでなく、米国、台湾、日本、韓国の「チップ4連合」に対して、中国国内での自給自足のテクノロジー産業チェーンと産業システムを確立し、「一帯一路」の戦略軸を利用して、陸と海から政治的、経済的に連動する国際的なつながりを構築しようとしている。

しかし、レッドサプライチェーンは、地理的、技術的にも、サプライチェーン、バリューチェーンを連動させる能力が十分ではなく、山や海が地理的なつながりを妨げているほか、一帯一路同盟諸国の価値観もそれぞれ異なることから、その関係性が崩れるリスクが高く、強力なつながりを形成できるかは注目に値する。

以上のことから、チェーンパワーは連動性を重視した一種の国力であるといえる。国家の地理的位置、技術産業上のつながり、価値観などの特性が相互接続され、相乗効果を発揮できるようにすることで、チェーンパワーを強化できる。さらに、他国との地理的、技術産業上の関係性、価値観も相互接続し、チェーンパワーを強化、発展させる必要がある。

チェーンパワーは技術力によって決まるのか

21世紀初頭、著名な国際政治学者で米国民主党の重要な知恵袋であるジョセフ・ナイ氏は、米国共和党のブッシュ政権が中東に大量の軍事力を投入したが、対テロ政策の目標を達成できず、国際社会からも批判を受けていると指摘した。２００４年、ナイ氏は「ソフトパワー」の概念を提案し、文化と価値観が国益の保護または拡大にさらに役立つと唱えた。

グローバル化の時代において、ソフトパワーの出現は確かに国力に関する新しい考え方をもたらした。米国はまた、留学制度、大衆文化、主流メディアなどの仕組みを通じて民主主義を核とする米国のソフトパワーを世界に発信している。

図表0-1 国力の種類

国力	意味	代表的な国・地域
ハードパワー	軍事力と経済力で他国に影響を与える力	米国
ソフトパワー	他国の文化や価値観を引きつけ、説得する力	日本、ドイツ
スマートパワー	ハードパワーとソフトパワーを組み合わせた戦略的能力を獲得する力	英国
シャープパワー	情報と外交手段を使用して特定の国を突破し侵入する力	中国、ロシア
チェーンパワー	地政学と経済、価値観をつなぐ力	台湾

テクノロジーの時代、科学技術競争はあらゆる分野に及び、科学技術政策は大国の優先政策となった。テクノロジーの出現は本来、人間の生活を向上させるためのものであり、ある程度の普遍性と中立性を持っている。

米国と中国という2大国が競争する中で、技術的な中立性は次第に消失し、民主的な技術と権威主義的な技術の間には明確な壁がある。同じ人工知能（ＡＩ）技術を使って人々を厳しく監視する国もあれば、経済的利益を生み出すために利用する国もある。同じ半導体チップを使用して弾道ミサイルを製造し、地域の安全を脅かしている国もあれば、携帯電話機やスマート家電の製造に半導体チップを使用し、人間の生活の質を向上させている国もある。今日、テクノロジーは地政学的な変化を支配する鍵となっている。

１６２４年、西洋は大航海時代の全盛期で、天文学と航海技術の進歩により台湾も国際政治の表舞台に躍り出た。当時、オランダは東方諸国との貿易の拠点を築くために、北東アジアと東南アジアの交差点に位置する台湾を獲得した。２０２４年、半導体と電子技術が著しく発展する時代に、オランダの半導体装置大手ＡＳＭＬと台湾の半導体製造大手ＴＳＭＣが世界のハイエンド半導体サプライチェーンを独占している。

過去４００年にわたり、台湾の重要性はまずその地理的位置によるものであり、次にその戦略資源によるものだった。特に１８８０年代に欧州で樟脳《しょうのう》を原料とした安定で強力な「無煙火薬」が開発されてからは、台湾の湾岸産の樟脳は国際貿易の戦略資源となり、一時は世界市場シェアが70%を超えた。１９２０年代に入ると、樟脳に代わって化学合成火薬の製造法が徐々に使われるようになり、科学技術の進歩により台湾の戦略的地位も変化した。１９８０年代、台湾は再び科学技術の力を利用して半導体業界に革命を起こし、２０１０年代には半導体サプライチェーンで最も重要な地位を獲得した。

１００年前の樟脳は戦略資源で、それは軍事分野に限られていた。現代の半導体はあらゆる分野を網羅し、人類の生き方をも左右する戦略資源となっている。この観点から見ると、国家競争の究極の目的がライフスタイルの競争であるならば、半導体をはじめとする科学技術力が勝利の鍵を握ることになる。現代国民の視点から見ると、そのライフスタイルにおける競争は、安全、安定、安心、それを得るための戦略を追求するものとなる。

台湾と近隣諸国、さらには世界の主要国にとって、台湾を含む列島線には国家と地域の安全保障、台湾の半導体サプライチェーンには経済と生活の安定、台湾の民主主義チェーンには普遍的価値観による安心が議題として含まれている。つまり、台湾のチェーンパワーは将来の地政学的な動向を判断する重要な要素であり、地政学の暗いトンネルに光を見出すための指針でもある。

国際政治と経済に影響を与えるチェーンパワー

チェーンパワーにおいて重視される安全保障、テクノロジー、民主主義は本来、互いに比較的独立したものである。国際政治経済の伝統的な分野でも、これら3つの要素はそれぞれの専門的な分野で議論される。重要な国際機関を例に挙げると、安全保障問題を議論する場として国連安全保障理事会、科学技術と経済問題を議論する場として経済協力開発機構（OECD）、民主主義と人権問題について話し合うフォーラムとして民主主義サミットがある。

今日の国際政治・経済分野では、安全保障、テクノロジー、民主主義要素を含む情勢の変化はもはや独立して議論し対応することはできない。主要7カ国首脳会議（G7サミット）および主要20カ国・地域首脳会議（G20サミット）、BRICSサミットなどで毎年議論されるテーマは、安全保障、テクノロジー、民主主義（あるいはその他の価値観）がほぼ網羅されている。

２０２３年に広島で開催されたＧ７サミットを例に考えてみると、サミット後の「広島ビジョン」では、安全保障問題として武力による現状変更や安定の破壊を目的とする一方的な行動に反対するとともに、経済的安全保障の実施やエネルギー、サプライチェーン、宇宙技術における協力促進に言及した。これらは科学技術の問題である。民主主義の問題としては、人権保護と貧困の撲滅の重要性に言及した。広島ビジョンでは、共有された民主的価値観の下で信頼できるＡＩを開発し、民主主義と技術開発を密接に結びつける必要性も強調していることは注目に値する。

現時点において、台湾のチェーンパワーは国際政治経済の発展による必然的な結果であるだけでなく、国際政治経済の動向を読み解く窓でもある。台湾にとって、列島線における戦略的位置は米国と中国の間の力関係の変化を測る尺度であり、半導体サプライチェーンにおける重要な地位は世界の科学技術と経済安全保障のプロセスを決定し、民主主義の連鎖のネットワークは東アジア（中国社会）における民主主義と繁栄の成功への道筋を示す。

変化する国際政治経済状況に直面するとき、チェーンパワーに含まれるアイランドチェーン、サプライチェーン、民主主義チェーンを台湾の戦略に組み込むにはどうしたらよいのだろうか。まず、多様な参加者による戦略的コミュニケーションプラットフォームが必要であり、台湾の重要企業がそのプラットフォームに参加して議論に参加する必要がある。

これにより、チェーン強化戦略に企業の観点や能力が反映され、企業の支持を得やすくなる。

次に、経済安全保障対話を通じて、地政学的パートナー諸国と安全保障や科学技術の分野で包括的な協力を行っていく必要がある。最後に、台湾の人々を含む現代国際社会の国民が適切な知識と判断力を持てるように、民主的な科学技術に関する議論を促進しなければならない。

選択が迫られる時代に直面する台湾

近年の国際情勢の変化は、地政学的変化がもはや国家指導者や軍司令官だけの問題ではなく、すべての人に影響を与えるものであることを私たちに深く認識させている。例えば、欧州のウクライナとロシア間、中東のイスラエルとパレスチナ間で紛争が発生すると、世界のエネルギー、食料、食用油、主要資源の供給価格が即座に激しく変動する。遠く東アジアの台湾人もまた、経済への直接的な影響や物価上昇に直面している。現代の地政学が伝統的な軍事、外交、貿易だけでなく、産業、技術、文化などに幅広い影響を及ぼしていることは明白だ。特に地理的なハブの位置にある台湾においては、地政学ならびに現代地政学から発展した台湾のチェーンパワーについて理解する必要がある。台湾人にとって、チェーンパワーは安全保障、テクノロジー、民主主義の要素を含み、私たちの生活に密接に関わっているため、細心の注意を払う必要がある。

ここで強調しなければならないのは、政治的意思決定者であれ、ビジネスリーダーであれ、一般人であれ、台湾のチェーンパワーを考える際には、次の3つの重要な認識方法を同時に把握しておく必要があるということだ。

1つ目は「台湾に関するチェーンパワー」。これは台湾の戦略的価値に対する主要国（米国、日本など）の見解となる。第一列島線、海上ライフライン、半導体チップ戦争などのキーワードから理解を進めることができる。

2つ目は「台湾とのチェーンパワー」。これは大国が台湾に期待する地政学的役割であり、チップ4連合や自由で開かれたインド太平洋地域などのキーワードから始めることができる。

3つ目は「台湾にのためのチェーンパワー」。これは台湾が自らのチェーンパワーを認識し実行することとなる。台湾自体の生存と発展を維持するために必要な方法でもあり、半導体サプライチェーンや海洋民主主義などのキーワードから始めることができる。

台湾は世界の火薬庫の1つで、かつては「世界で最も危険な場所」と見なされていた。世界に4カ所ある火薬庫のうち2カ所が爆発し、残りの2カ所も極めて危険性が高いと見なされていることから、台湾人はもはやこの問題から目を背けることはできず、この地に住むが故の戦略をさらに深く理解し、自らのチェーンパワーを認識して使いこなす必要がある。

国際政治経済全体の中で特別な国際的地位を占めている台湾は、交差点で道路を渡るのを待つ歩行者のようなもので、信号に従って行動することに慣れている。信号に基づいて行動する方が安全だからだ。台湾だけでなく、世界中のほとんどの国は信号に従うことに慣れている。しかし、米中対立という新たな国際情勢の下で、この信号機能の一部が大きく変化し、過去の常識では判断できなくなってきている。

想像してみよう。横断歩道を歩いていた歩行者が、突然歩行者用信号が青から赤に変わったことに気づいた。元の交差点に戻るべきか、それともスピードを上げて交差点の向かい側まで走るべきか。台湾は現在そのような状況に直面している。交差点に戻って次の信号を待つのも選択肢の1つだが、信号がいつ青に変わるかは分からない。反対側の交差点に向かってスピードを出すことも考えられるが、事故の危険にさらされる可能性がある。最もタブーなのは、何も選択せずに道の真ん中に立つことだ。国際情勢が大きく変化するこの時代に、東アジアの地政学と台湾のチェーンパワー分析を深く理解すれば、今、台湾が選択を迫られる時代であることが分かるだろう。

【世界を学ぶ】

世界４大火薬庫とは？

現在の国際政治分野においては、長期にわたり緊張状態にある4地域、3つの半島と1つの海域がある（図表0－2）。さまざまな勢力が虎視眈々と狙うそれらの地域では、政治体制と宗教間の対立、戦略的資源を巡る競争が激化し、極めて危険な世界の火薬庫になっている。

第1の火薬庫は黒海の「クリミア半島」である。北端はウクライナとつながっており、半島の東端はロシアに接している。もともとウクライナに属していたクリミア半島では、人口200万人超のうちの多数がロシア人であると自認しており、2014年3月には国民投票でウクライナからの離脱とロシア連邦への参加を宣言した。しかし、ロシアによるクリミア半島の併合は欧米諸国の抗議や非難を引き起こし、戦争の火種も蒔いた。2022年2月、ロシアはウクライナに対する「特別作戦」を開始し、その後、全面戦争に発展し、最初の火薬庫が爆発した。

第2の火薬庫は、ヨーロッパとアジアの接点に位置し、世界の石油生産を左右する「アラビア半島」だ。アラビア半島ではさまざまな宗教紛争、民族紛争、主権紛争などにより、過去に5回の紛争が発生した。１９９０年代以降、イスラエルとアラブ諸国は和平交渉に向けて動き始めたものの、イスラエルとパレスチナの紛争は止まらず、２０２３年10月、パレスチナ武装組織ハマスがガザ回廊からイスラエルへの大規模攻撃「アル・アクサ洪水作戦」を開始すると、イスラエルは直ちに報復攻撃「鉄の剣作戦」を開始し、２つ目の火薬庫を爆発させた。

　第3の火薬庫はユーラシアと太平洋の接点に位置する「朝鮮半島」だ。北朝鮮と韓国は同じ朝鮮民族だが、政治体制や価値観には大きな違いがある。北朝鮮は弾道ミサイルや核兵器の開発を積極的に進めており、韓国は米国や日本と協力して北朝鮮に対する経済制裁や軍事抑止を行っている。朝鮮半島はロシア、中国、米国、日本といった大国の中で、北朝鮮と韓国の分裂と対立に直面し、両国間の敵対するスパイラル

図表0-2　世界4火薬庫の比較

地域	ジオタイプ	紛争の引火点	現況
ロシアと ウクライナ国境	半島	地理的要所・ 民族紛争	すでに爆発
中東地区	半島	地理的要所・ 民族紛争	すでに爆発
北東アジア	半島	地理的要所・政治的差異、 核兵器	未爆発
台湾	海峡	地理的要所・政治的差異、 半導体	未爆発

が高まる中、一触即発の状態となっている。

第４の火薬庫は台湾で、東アジア列島の中心に位置し、東シナ海と南シナ海を結び、「台湾海峡」によってアジア本土から隔てられている。ランドパワー諸国とシーパワー諸国の競争の歴史において、台湾は戦略的に重要な地理的拠点だ。特に２０１８年以降、国際政治における米中対立や経済産業における半導体需要、地域情勢における中国の脅威などを背景に、台湾有事（台湾海峡紛争）の可能性が大幅に高まった。

第1部　半導体とチェーンパワー

1章　現代の地政学的戦略

半導体の加護、台湾が示すチェーンパワー

米アップルのスマートフォンから米国の先進的な戦闘機に至るまで、いずれも台湾の半導体産業チェーンが製造する「チップ」が関わっている。この世界規模のチップ製造サプライチェーンは、米国のＦ－35戦闘機に使用されるチップから垣間見ることができる。インド太平洋地域と欧州の制空権を維持するため、米国は第5世代戦闘機Ｆ－35の導入を決定した。Ｆ－35の製造を担当する米ロッキード・マーティンは自社の航空電子システムと多目的機能を大幅に強化するため、米国カリフォルニア州のチップメーカーである米ザイリンクス（米ＡＭＤ傘下）が設計したＦＰＧＡ（再プログラム可能な半導体）チップの使用を選択した。ザイリンクスは受注後、直ちに台湾に生産を発注し、設計した回路図を実際に半導体ウエハーに転写する作業を進めた。

次に、台湾のファウンドリーは日本の信越化学工業からウエハーを購入し、台湾の光洋

應用材料科技のスパッタリングターゲットを使用してウエハー表面に金属膜をコーティングした。その後、東京応化工業のフォトレジストを塗布し、オランダＡＳＭＬのフォトリソグラフィー装置を使用して、回路図をウエハー表面のフォトレジストに転写した。最後に、米ラムリサーチのエッチング装置を使用して、フォトレジストで保護されていない金属膜を除去、台湾芯電應用科技のフォトレジスト除去ソリューションを使用して金属膜上のフォトレジストを除去し、ウエハー処理を完成させた。

ウエハーはＩＣ（集積回路）チップに成形された後、台湾でパッケージ化、検査された。その後、チップは米国に送られ、Ｆ－35の電子システムに搭載された。台湾製チップを搭載したＦ－35は将来、東アジアにおける米国の主力戦闘機となる。

「テクノロジー時代の半導体」対「石油時代のホルムズ海峡」

21世紀において、半導体は重要な戦略資源となっている。Ｆ－35のチップ製造プロセスでは、オランダや米国の製造装置と日本からの主要材料がすべて台湾に持ち込まれ、台湾の半導体企業がウエハー処理とパッケージング、テストを行った。

半導体の製造工程を航路に例えると、この航路が通らなければならないのは台湾だけだ。経済産業の観点から見ると、台湾は世界の半導体チップ生産の効率を向上させ、戦略的安全保障の観点から見ると、台湾は全世界の半導体チップ供給を掌握している。

20世紀に遡ると、世界の原油輸出の4分の1は当時地理的に最も重要な戦略的要衝であったイランとオマーンの間にあるホルムズ海峡を通過する必要があった。米国が１９８７年にイラン・イラク戦争に介入した主な理由の1つに、石油輸送ルートの安全確保がある。イランは２０１９年、欧米諸国によるイランの原油輸入制限に対抗してホルムズ海峡を封鎖すると宣言、その後、ホルムズ海峡を通過する石油タンカーが何度も攻撃され、欧州と米国の原油市場に影響を与えた。米国は安全確保のため、石油タンカーに軍隊を配備することを決定。２０２３年にイスラエル・パレスチナ紛争が勃発するまで、国際市場で原油価格が急騰した理由の1つは、パレスチナを支援するイランがホルムズ海峡封鎖に向けてより具体的な行動に出ることを欧米諸国が懸念していたことだった。

過去2世紀の産業の変遷から、半導体のサプライチェーンが石油時代のインド洋航路であり、台湾の半導体が石油時代のホルムズ海峡であることは理解に難くない。台湾を制する者は半導体サプライチェーンを制することができ、半導体サプライチェーンを制する者は世界を制することができる。

米国の地政学上の戦略としては、石油時代にイランがホルムズ海峡を完全に支配することは許されないし、新技術時代に中国が半導体サプライチェーンを支配することも許されないのだ。

米中競争におけるさまざまな戦略の「実力」

実際、２０１０年代以降、東アジアは米国と中国が競合する「新国際常態」に入り始めている。国際経済分野における国際通貨基金（ＩＭＦ）、先進国間の経済協力組織である経済協力開発機構（ＯＥＣＤ）、主要7カ国首脳会議（Ｇ7サミット）といった第2次世界大戦後確立した国際システムと、東アジアの安全保障メカニズムの「列島線戦略」は、大幅な国力を付けてきた中国にとっては、既得権益を持つ国々が課す抑制策と見える。

一方、米国は中国を急速に台頭する大国であり最大の課題と見なしている。台頭する大国が既存大国の国際覇権に挑戦する場合、歴史的発展に基づいて戦争は避けられない。一方が台頭する大国の発展を封じ込めようとし、他方がそれを阻止するために重要な資源をコントロールしたことで、２０１８年の米中貿易戦争をさらに加速させた。

米中の競争には、地政学でいうところの軍事的なハードパワーと地政学が重視する文化的なソフトパワーの両方が含まれる。もちろん、複数の政策手段を組み合わせたスマートパワーはかつて米国政府によって評価されており、一方、中国は情報メディアの力を主軸としたシャープパワーを発展させている。

国家の「力」の構成と活用法を分類すると、世界的な競争の舞台において、経済力、文化力、科学技術力が軍事力と同等になってきたという重要な傾向があらわれる。そして権力の使い方においても、武力によるハードパワー、影響力・説得を目的としたソフトパワーから、ソフトパワーとハードパワーを融合したスマートパワー、洗脳・浸透を利用したシャープパワーへと発展してきた。

台湾独自の戦略力――チェーンパワー

米中対立はさておき、東シナ海、南シナ海、台湾海峡、西太平洋の中心に位置する台湾もまた、独自の国力の源泉を発展させてきた。それが、地政学、地経学、民主主義と自由の価値観に基づくチェーンパワーだ。

台湾のチェーンパワーには、自国および列島線の防衛能力の確立と強化、ハイテク半導体サプライチェーンの競争力、民主的で自由な国際社会とのつながりが含まれる。そのアイランドチェーン、サプライチェーン、民主的なつながりは、地理的なつながりや産業上の関連性、価値観の共通性に基づいており、台湾の観点から見た地域情報と世界の発展を組み合わせた、新たな台湾の地政学的戦略といえよう。

【世界を学ぶ】

国益を理解する

国際関係学者は国益を不変の「生存利益」と変化する「主要利益」に区別する傾向がある。しかし、国益は国家の存続と発展に関係し、その価値は国民の政治共同体としてのアイデンティティー、国の主権とその位置する地域、国際的な役割についての考え方によって変わる。したがって、国益がどこにあるのかを定義することは、国の地政学を考える際の重要な前提条件となる。国益とは、簡単に言えば国の存続と発展に密接に関係する国家的価値観のことであり、国家の地位と国家の能力によって影響を受ける。

いわゆる国家的地位には、主権に関連する国家的アイデンティティーと国際システムにおける国家の役割が含まれる。国の主権行使と地域および国際情勢におけるその役割の特定は、国益の特定に直接影響する。

国家能力は内部的には国の統治能力と国家権力を実行する能力を指し、外部的には国家戦略目標を実行する能力を指し、しばしば国家競争力と比較される。国家能力の構築と行使は、国内の政治的、社会的、経済的、その他の構造的要因によって影響を受けるだけではなく、国際制度によっても制約を受ける。

2章　半導体を制するものが世界を制する

なぜ台湾地震で米国株式市場が暴落したのか？

　１９９９年9月21日午前1時47分、台湾中部の山間部でマグニチュード7・3の大地震が発生し、２４００人以上が死亡した。この地震は台湾の電力設備にも深刻な被害をもたらし、彰化市北部地域は全面的に停電し、新竹サイエンスパークにある台湾積体電路製造（ＴＳＭＣ）の工場は生産ラインの中断を余儀なくされ、半導体部品の出荷もできなくなった。

　台湾の人々の記憶にまだ新しい、この9月21日の地震が発生した時刻、太平洋の反対側は米国株式市場の取引時間だった。その地震のニュースが市場に伝わるとニューヨーク証券取引所に上場されているＴＳＭＣの米国預託証券（ＡＤＲ）は即座に9％下落した。

　翌日、多くの外資系情報大手の代表者らが新竹サイエンスパークの最新状況を詳しく知るため急きょ台湾に飛び、「いつ生産体制が回復し正常な供給を再開できるのか」と問い合わせた。台湾の半導体サプライチェーンの寸断により、米ＡＭＤや米ザイリンクス（現・

ＡＭＤ傘下）などの米国メーカーも深刻な部品不足に直面した。その結果、9月21日の地震後の1カ月間、フィラデルフィア半導体指数は13％近くも下落した。

次の産業発展に向けて半導体を選択

　１９７０年代、台湾の産業は農業から工業への転換に成功し、戦後初期には農産物の輸出が中心だった貿易構造は、繊維、鉄鋼、石油化学産業に徐々に置き換えられてきた。しかし、その次のステップとして台湾経済を引き続き押し上げていくためには、どのような新興産業を選択すべきか。

　当時の台湾当局は米国で電子情報産業が急速に発展していることに着目し、これが将来性のある新興産業であると考え、国家主導で集積回路産業を育成した。当初、コンソーシアムとして財団法人方式で工業技術研究院（ＩＴＲＩ）が設立され、行政院は電子技術諮問委員会を設置し、「ＲＣＡ半導体技術移転計画」の第1期を開始した。

　プロジェクト実行機関である工業技術研究院は、米ＲＣＡと集積回路技術移転ライセンス契約を締結し、台湾に半導体技術を正式に導入した。工業技術研究院の技術を核として、台湾初の集積回路実証工場が新竹に建設され、１９８０年には聯華電子（ＵＭＣ）、１９８７年にはＴＳＭＣなどが設立された。政府政策の長期的な支援により、台湾の半導体産業は１９７０年代の下流のパッケージング産業から、ウエハー処理を中核とし上流のＩＣ設計から下流パッケージングとテストまでを含む完全な半導体産業クラスターに発展した。

国際政治経済が激動した１９７０年代、政治・外交情勢の変化、石油危機の影響、自主的な研究開発の必要性などを主な理由として、台湾は国家戦略の一環として半導体産業を選択した。そうした中、台湾の軍事兵器研究開発センターである中山科学院（ＮＣＳＩＳＴ）は、１９７８年にイスラエルのガブリエルミサイル技術を正式に取得し、雄風一型対艦ミサイルを開発した。ミサイル開発における半導体チップの重要性を理解した台湾は、１９７９年に米国が台湾との国交断絶を決定したことと相まって、半導体チップを自国で生産するという決意をさらに強めた。

半導体は台湾経済の生命線

21世紀に入ってから、台湾の半導体産業はＧＤＰの13％を占めるようになった。２０２１年の半導体産業年鑑によると、台湾には約２８０社の半導体企業があり、約29万人の従業員が働いており、すでに台湾経済の生命線となっている。半導体産業の技術と製造能力により、台湾は国際政治の舞台で発言する権利も得られている。

２０２２年の統計では、世界の半導体産業は半世紀にわたって発展し、市場は５７００億米ドルに成長した。そのうち、台湾の半導体産業の生産額は１６００億米ドルを超え、世界の半導体市場の4分の1以上を占め、世界第2位にランクされている。

また、同年1月17日、ＴＳＭＣは時価総額で一時、世界8位にランクされた。この日の時価総額世界トップ10企業のうち、米国企業でないのは3位のサウジアラビア国営石油会社サウジアラムコと8位のＴＳＭＣだけだった。ＴＳＭＣに加えて、ＵＭＣ、環球晶圓（グローバルウェーハズ）、聯発科技（メディアテック）、瑞昱半導体（リアルテック・セミコンダクター）、南亜科技（ナンヤ・テクノロジー）、華邦電子（ウィンボンド・エレクトロニクス）、旺宏電子（マクロニクス・インターナショナル）、日月光半導体製造（ＡＳＥ）、矽品精密工業（ＳＰＩＬ）なども、世界の半導体サプライチェーンで極めて重要な役割を果たしている台湾企業だ。

一般に、世界の半導体サプライチェーンは大きく2つのブロックに分けることができる。1番目のブロックは半導体製造装置と材料のサプライチェーンで、米アプライド・マテリアルズ（主要装置）、ＡＳＭＬ（フォトリソグラフィー装置）、ラムリサーチ（エッチング装置）、日本の東京エレクトロン（熱処理成膜装置）などが主力だ。また、半導体の前工程に使われる半導体材料の4分の3以上を日本企業が寡占している。シリコンウエハー、フォトレジスト、エッチングガス（フッ化水素）、感光材料の日本企業のシェアは60％以上となっている。

2番目のブロックは半導体製造のサプライチェーンであり、装置や材料のサポートを受けて、チップ設計、ウエハー処理、パッケージング、検査を行う。台湾には世界で最も完成度の高い半導体産業クラスターがあり、上流のＩＣ設計、中流のウエハー処理、下流のパッケージングとテストを含めて専門分業され、サプライチェーンを支配し影響を与えることができる国際レベルの企業が存在する。さらに、台湾の半導体産業の垂直分業、産業クラスター、生産モデルには、柔軟性が高く、高速、低コストでカスタマイズされた半導体生産を可能にするという利点がある。

ウエハー製造処理ワンストップ産業クラスター

上流のＩＣ設計分野では、エヌビディア、クアルコム、ＡＭＤなどの米国企業が依然として優位に立っている。２０２２年1月17日における時価総額トップ10の米国企業を挙げると、アップルが1位、2位がマイクロソフト、4位がアルファベット（グーグルの持ち株会社）、5位がアマゾン・ドット・コム、6位がテスラ、7位がメタ・プラットフォームズ（旧フェイスブック）、9位がバークシャー・ハサウェイ、10位がエヌビディアである。

ＩＣ設計会社はさまざまな仕様と性能の集積回路図を提供し、下流メーカーの確定後、

図表1-2-1　台湾の半導体産業チェーン

製造段階	内容	主要企業
上流：IC設計	チップ回路設計	MediaTek、Novatek、Realtek
中流：ウエハー処理	半導体ウエハーに転写	TSMC、UMC、Macronix
下流：パッケージング＆検査	製造されたウエハーのパッケージングおよび検査	ASE、SPIL

生産に向けた引き渡しを行う。機能や信号伝送の違いにより、チップはメモリーＩＣ、マイクロコンポーネントＩＣ（ＩｏＴ用）、アナログＩＣ（例えば自動車用）、およびロジックＩＣ（中央処理装置、例えばスマートフォン用）に分類できる。

米国が主導するＩＣ設計分野において、台湾はトップ10にメディアテック、聯詠科技（ノバテック）、リアルテック、奇景光電（ハイマックス・テクノロジーズ）の4社をランクインさせている。中流のウエハー処理分野では、メモリー産業は韓国サムスン電子や米マイクロン・テクノロジーが主導し、アナログ産業は米テキサス・インスツルメンツが主導する。しかし、情報通信システムにおいて最も重要なロジックＩＣの生産の90％以上は台湾の半導体メーカーが占めている。

中でもＴＳＭＣは世界最大のウエハーファウンドリーであり、市場シェアは約55％となっている。

ＵＭＣは3位で、市場シェアは約7％だ。ＴＳＭＣやＵＭＣ以外に世界先進積体電路（バンガード・インターナショナル・セミコンダクター、ＶＩＳ）、力晶積成電子製造（パワーチップ・セミコンダクター・マニファクチャリング、ＰＳＭＣ）などの企業も同工程、同製品分野において優れた製造能力を備えている。

製造されたウエハーはパッケージングおよびテストメーカーに引き渡され、切断、パッケージング、テストを行う。パッケージングおよび検査分野については、世界トップ10社のうち6社が台湾にあり、世界全体の半数以上を占めている。

中でもＡＳＥの市場シェアは27％を超えており、力成科技（パワーテック・テクノロジー）と京元電子（キング・ユアン・エレクトロニクス）も重要なパッケージングおよび検査メーカーだ。また、金線やリードフレームを供給する長華電材（チャン・ワ・エレクトロマテリアルズ）、ＩＣキャリア基板を供給する欣興電子（ユニマイクロン・テクノロジー）、景碩科技（キンサス・インターコネクト・テクノロジー）、パッケージ材料を供給する長興材料工業（エターナル・マテリアルズ）などの台湾企業が世界の半導体パッケージングおよびテスト産業の発展を支えている。

一般に、台湾はウエハー処理を中心に、上流の設計だけでなく下流のパッケージングやテストまで拡張し、最も競争力の高い半導体産業を発展させている（**図表1-2-1**）。

過去30年にわたり、ウエハー処理の拠点である新竹サイエンスパークを中心に、台中サイエンスパーク、台南サイエンスパークなどへの拡張を続けてきた。

石炭、鉄、石油、半導体

近代民族国家の発展の歴史においては、資源を巡る競争が戦争の背景や理由の１つとなることが多い。すでに１９３０年代半ばには、日本の軍拡の脅威を抑えるために、米国、英国、中国、オランダは日本に対して貿易制裁と経済封鎖を課した。石油、鉄、錫《すず》、ニッケル、ゴムなど軍需産業に必要な戦略物資について、いわゆるＡＢＣＤ包囲網を形成して日本を封鎖した。

日本は米国や英国と交渉し、貿易制裁や経済封鎖の解除を要求した。英米は中国からの日本軍撤退、日独伊三国同盟の破棄、重慶国民政府の承認などを提案し、日本に応じるよう求めた。交渉が失敗に終わると、日本は太平洋戦争を開始し、ＡＢＣＤの資源包囲網を突破するために武力を行使することを決定した。

ヨーロッパでも、ドイツのヒトラーは資源不足のため、１９４２年夏に旧ソ連南部でブラウ作戦と呼ばれる戦略的攻勢を開始した。当時、ドイツが頼っていた石油資源は米英によって阻まれ、ルーマニアの油田に頼るしかなかったが、１９４１年末にはルーマニアの油田ではドイツの需要を満たすことができなくなった。そこで、ドイツは旧ソ連のコーカサス山脈近くの油田を占領する計画を立てた。１９４２年５月に開始されたこの作戦は、半年にわたって続いたスターリングラードの戦いで双方に70万人以上の死傷者を出し、近代史上最も悲惨な戦闘の１つとなった。

戦略物資の掌握で歴史は繰り返される

石炭、鉄、石油などの戦略物資の重要性は、第２次世界大戦後も引き続き地政学における重要な問題となっている。

第２次世界大戦では戦略物資を獲得するために国家間で激しい対立が生じ、戦争が拡大した。そこで戦後、フランス、西ドイツ、イタリア、ベルギー、オランダ、ルクセンブルクの6カ国は欧州石炭鉄鋼共同体の設立を決議し、石炭や鉄鋼などの重要戦略物資を共同管理し、戦後復興のためのインフラ資材を提供するとともに、石炭や鉄鋼の生産・流通を相互に管理することで欧州の平和を確保するようにした。欧州石炭鉄鋼共同体に基づき、１９５７年３月に署名国は欧州経済共同体設立条約と欧州原子力共同体設立条約を締結し、これが欧州連合（ＥＵ）設立の基礎となった。

米国にとって、石油の生産と流通を制御することは戦後の支配的な世界システムを維持するための鍵となる。したがって、中東の産油国は米国の地政学の中核となり、「オイルマネー」システムは米国の地政学的影響力を実現するための重要なツールとなっていった。

一方では、米国はイスラエルとアラブ諸国との紛争の均衡を図るために軍事力を行使し、産油国間の対立と相違を激化し、間接的にサウジアラビアをはじめとする石油輸出国機構（ＯＰＥＣ）の石油政策に影響を与えている。米ドルが金から切り離された後は、石油取引を米ドルで決済するメカニズムを推進し、世界で最も重要な資源と最も重要な通貨を組み合わせてオイルマネーの世界的な影響力を確立した。

石炭、鉄、石油が戦後の地政学において重要な資源であり続ける中、科学技術の急速な進歩により、大国間競争の結果として新たな戦略物資が生み出された。それが現在、各国が激しい競争を繰り広げている半導体である。

米国で誕生し、他の国でも繁栄した集積回路

１９４０年代に米国で世界初のトランジスタが発明され、半導体産業は発展の基礎を築いた。１９５８年までに米国は集積回路（ＩＣ）技術を開発し、国防産業に応用した。特に国防総省、米国航空宇宙局（ＮＡＳＡ）の技術支援、米ＩＢＭ、テキサス・インスツ

ルメンツ、米ナショナル・セミコンダクターなどの大手多国籍企業の生産改善により、米国は世界の半導体市場を独占した。三菱銀行（現・三菱ＵＦＪ銀行）の調査によれば、１９７４年にはその世界市場シェアは73％に達した。

当時、日本は重化学工業から電子・電機工業への転換を進めており、工業技術院電気試験所の垂井康夫氏のチームの下、半導体の研究がスタートした。軍用半導体を開発する米国とは異なり、日本は民生産業用の半導体の開発を進めた。

日本企業はＮＥＣが米フェアチャイルド・セミコンダクターから権利を取得するなど、集積回路製造能力を強化するために米国企業からの技術支援を積極的に求めた一方で、シャープが大規模集積回路（ＬＳＩ）を用いた電子計算機を市場に投入し、カシオ計算機や服部時計店（現セイコーグループ）が電子時計を発売するなど、精密機械や電子機器への半導体応用も積極的に行った。

日本政府は半導体を製造業の競争力の鍵と位置付け、１９７６年に通商産業省（現・経済産業省）が超ＬＳＩ技術研究組合を設置し、国立の工業技術院電子技術総合研究所と民間企業との技術協力プラットフォームとして、日本の半導体製造プロセス規格の標準化に成功した。注目すべきは、１９７６年の日本国内半導体市場規模が１６４９億円にすぎなかったのに対し、超ＬＳＩ技術研究組合への投資額は７００億円にも達していたことだ（数字は日刊工業新聞社による）。半導体開発を発展させるための日本政府と企業の決意が見てとれる。

米国の技術支援がライバル「日本」を生み出す

官民一体となった協力モデルは、日本の半導体の研究開発・生産コストを削減するだけでなく、エレクトロニクス製品の小型化・高性能化への技術支援にも提供された。また、日本政府の主導の下、当時の富士通、日立製作所、NEC、三菱電機、東芝の半導体競合5社が共同グループとなり、半導体全体の国際競争力が強化されている。

政府や企業による大規模投資を頼りに、日本は半導体分野で米国との技術差を徐々に縮めていった。日本の対米国半導体貿易は1980年から黒字になり始めた。日本の半導体メーカーが世界シェアを急速に伸ばす一方、米国の半導体メーカーは赤字が相次いだ。例えば、米国の半導体大手インテルは上場以来初の赤字を計上し、従業員2000人を解雇せざるを得なくなった。

日本の半導体産業の急速な発展に対して、米国商務省は1983年2月、「米国ハイテク産業の競争力に関する報告書」を発表し、日本が米国ハイテク産業の発展にとって最も重要な競争相手であることを強調した。報告書はまた、1965年から1980年までの15年間、米国のハイテク産業が競争上の優位性を持っていたのは航空機とコンピューター産業のみで、エレクトロニクス、光学、医療機器、精密機械、自動車などの分野では日本の競争力は米国を上回っていると指摘した。特に半導体産業の発展においては、日本は技術の研究開発、生産プロセスの両面で米国を追い越し、半導体産業の先進国となっているとした。

米国半導体の知的財産権を保護し、日本の半導体産業の発展を抑制するため、米国は１９８４年5月に「半導体チップ保護法」を可決した。インテルと米モトローラは直ちにＮＥＣと日立製作所に対して侵害訴訟を起こし、日米半導体摩擦が始まった。さらに、米国の半導体企業は日本の半導体企業を反ダンピング関連法違反で告発し、米国政府は直ちに日本の半導体企業に対する調査を開始した。

米国の圧力を受けて、日本と米国は１９８６年9月に日米半導体協定を締結した。日本は、半導体の販売価格が米国商務省の指定する価格を下回らないこと、日本における米国半導体の市場シェアを確保することで合意した。

日米半導体摩擦、日本は「ノー」と言えるのか

日米半導体摩擦の過程で、米国は強力な経済・外交行動を駆使して、日本に継続的な譲歩を迫った。これによる勝利に基づき、米国は１９８８年に知的財産権を保護するための

スーパー３０１条を追加した包括通商競争力法を可決した。その後、日米半導体摩擦は人工衛星やスーパーコンピューターなどの産業分野にも徐々に拡大し、１９８０年代後半の「ノーと言える日本」の風潮を加速させた。

１９８９年、ソニー創業者の盛田昭夫氏と国会議員の石原慎太郎氏が共著で『「ＮＯ」と言える日本』（光文社）を出版し、各界から注目を集めた。同書では現在の米国の支配から脱却するためには経済、外交などあらゆる分野で日本の自主性を高めるべきだと主張し、半導体技術を例に挙げ、日本の経済力、技術力は世界情勢に影響を与えるために十分であることを強調している。

石原氏は米国の大陸間弾道ミサイルの精度は旧ソ連製の精度よりはるかに高く、前者の誤差は15メートル、後者の誤差は60メートルであるとしている。そして、これは米国が日本製の半導体を使っているからで、もし日本が米国ではなくソ連に半導体を売れば、米国とソ連の軍事的優位性は逆転するだろうとしている。

この本が出版された後、米国政府は分析のために直ちにそれを非公開で英語に翻訳したが、これは同本を非常に重視していることを示すのに十分であり、この本で言及されている半導体は、実際に米国の地政学的戦略上の弱点となっている。半導体は先進国の経済発展を支える工業製品の重要部品であるだけでなく、国の軍事力を強化し、敵対国の兵器の性能を抑制するための重要な戦略物資としても活用されている。

特に、科学技術の急速な進歩は地政学の戦略的な考え方を変化させ、陸と海洋に加え、航空と宇宙が優位性を得る重要な競争空間となっている。この新たな分野の競争において、スピードと精度を左右する鍵となるのが半導体だ。

また、現代社会の金融、運輸、物流、通信などのシステム運用も、半導体を組み込んだ電子機器と切っても切れない関係にある。その結果、半導体は現代国家にとって石炭、鉄、石油に次ぐ重要な戦略物資となった。

半導体が書き換える「新たな地政学」

20世紀初頭に注目され始め、戦後の冷戦時代に発展した地政学は、主要国が地政学的戦略を策定するための理論的基礎として常にランドパワー、シーパワーの競争を前提としてきた。しかし、１９７０年代以降のＬＳＩと半導体技術の急速な発展は、地政学的な競争の理論的基盤を本質的に変えた。１９８０年代以降も、天然資源、港湾、国の立地といった実際の地理的環境要因が地政学を支配していたが、半導体の出現により、地政学の基本的な前提に大きな変化が生じた。

テクノロジーが覆す伝統的な地政学

まず、空間に対する考え方とテクノロジーが変化した。伝統的な地政学の基礎は、鉄道技術や航行技術、さらにはそれらから派生する地理的優位性や軍事補給・投射能力に基づいている。陸海輸送技術の制約の下では、ランドパワー諸国とシーパワー諸国の間には競争関係が存在する。

20世紀半ば以降、航空、ミサイル、衛星技術の発達により、陸と海の競争という対立状況は打破され、従来の地政学で重視されてきた領土や空間の概念は「速度」と「時間」で調整されるようになった。地政学に使用されるツールも、量の優位性を強調するものから攻撃の精度に重点を置くものに移行した。

第2に、国家間の相互関係が変化した。伝統的な地政学的見解は、軍事競争に支配された敵対関係が国家間の関係の核心であるというものだ。しかし、グローバル化以降、国家間の経済的な相互依存が常態化した。

米国と中国の関係を例に考えてみよう。中国商務省によれば、１９７２年に両国が公式に接触を始めたとき、貿易額はわずか１２８８万米ドルにすぎなかったが、米中両国が外交関係を樹立した１９７９年までに貿易額は24億５０００万米ドルに急増した。その後、米国が推進するグローバル化の流れの下、大量の中国製品が米国および世界市場に出回るようになり、二国間貿易額は毎年10%以上増加している。

米商務省によれば、国際政治において中国と米国の対立が深刻だった２０２２年においても、両国間の貿易総額は６９００億米ドルだった。中国はすでに米国の最大の貿易相手国であり、米国は中国にとって2位の貿易相手国となっている。

第3に、国力を測る基準が変化した。伝統的な地政学で認識される国力は、土地面積、人口、天然資源に基づく軍事力など、国の基本要素に基づいている。人口が多いほど領土が広くなり、石炭、鉄、石油などの戦略物資を豊富に支配できるようになり、国の競争力は強くなる。

国家が近代化し、世界的な経済・貿易の一体化が進むにつれて、地理的環境や軍事力に加え、経済構造、科学技術の発展、金融財政能力も近代国家の国力を評価する重要な指標となっている。特に１９９０年代以降、ソフトパワー（文化、価値観、イデオロギーに対する国の影響力など）、シャープパワー（情報やメディアを通じた権力や影響力の投影など）、国家競争力（付加価値や持続可能な経済発展を生み出す能力など）が、学者や専門家、一般大衆が国の能力を理解する際の判断基準となっている。

経済安全保障が新たな問題に

これらの変化は、経済、情報、文化、軍事などの分野においても当てはまる大きな流れであり、「テクノロジーを活用して資源の競争優位性をいかに高めるか」が、国力を決定する指標であるだけでなく、地政学的戦略を策定する目標となっている。半導体は国家が現代の科学技術社会における競争上の優位性を確保し、強化するための重要な資源だ。

例えば半導体は、基礎科学や応用科学などの科学技術の研究開発力だけでなく、現代社会システムの正常な稼働を維持する基盤であり、情報保護機能を構築する上でも欠かせない重要な資源である。したがって、半導体製造能力を保有すること、あるいは半導体の生産、流通と分配をコントロールすることが、現代の地政学において最も重要な課題となっている。

半導体が地政学に与える直接的な影響が「経済安全保障」という概念で表現されていることは注目に値する。一般に、経済安全保障という言葉には２つの側面が含まれている。第１は国の健全性と発展を維持するための手段として経済を利用することで、国の経済力をいかに向上させるかに加えて、このレベルでの懸念事項も経済安全保障の範囲に含まれる。第２に、経済安全保障は国家安全保障の基本目標と見なされており、このレベルでは主に戦略的天然資源（エネルギー・重要鉱物）、戦略的社会資源（金融）、戦略的工業資源

（半導体）の安定的な需給関係維持が課題となる。

経済安全保障にいち早く注目した国の１つが、天然資源が乏しく、産業資源を輸入に依存している日本だ。過去の日本の経済安全保障の考え方を見ると、大きく４つの段階に分けられる。

第１段階は戦後初期からオイルショックまでで、主に政府開発援助（ＯＤＡ）を活用して日本企業の海外市場拡大を目指した。第２段階は石油危機から冷戦終結までで、総合経済安全保障により日本のエネルギーの安定供給と海上貿易路の安全を確保した。第３段階は冷戦後から米中貿易戦争に至るまでであり、主に地域経済統合を通じて、経済パートナー諸国と地域および世界の経済貿易秩序を共同で主導した。第４段階は２０１８年以降に現れた新たな発展トレンドであり、半導体を基盤とした技術サプライチェーンを重視し、強固なサプライチェーンを確立し、国の情報通信セキュリティーを向上させることを目指している。

２０２１年に入ると日本は、強固なサプライチェーンを構築し、自律的な経済構造を構築する必要があると考え、２０２２年5月に経済安全保障推進法を成立させた。その概念はサプライチェーンの強化、インフラ機能の確保、特許の非公開化、先進技術における官民連携の４つに集約されている。

この法律の重要な戦略目標としては、ハイテクサプライチェーン、エネルギー、医療資源など必要かつ十分な物資について、相手国との戦略的自律性と戦略的不可欠性を実現することである。日本や相手国にとって必要かつ十分な戦略物資の第1位は半導体となる。

台湾と韓国が半導体の主要サプライヤーに

ただ、日米摩擦やバブル経済を経て日本の半導体企業は事業戦略を転換し、世界でも半導体企業の分業モデルが徐々に形成されつつある。設計、製造、組み立て、検査、販売までを1社で完結する一貫生産モデルは徐々に国際競争力を失い、日本では代わりに半導体材料や装置の優位性の強化に注力するようになった。半導体チップの生産は台湾と韓国のメーカーに移管された。

台湾と韓国は政府政策の支援、企業の生産技術の革新、科学技術人材の十分な供給などの好条件により、２０１０年代以降、世界の主要な半導体チップ生産拠点となった。特に台湾のＴＳＭＣと韓国のサムスン電子は世界の半導体チップ供給を寡占するメーカーとなっている。日本はシリコンウエハーやフォトレジストなどの材料、半導体製造装置、テスター装置、ダイシング装置などを提供し、そのシェアは世界市場の過半を占めている。

２０２３年5月に広島市で開催されたG7サミットの前夜、日本政府はＴＳＭＣ、インテル、マイクロン、アプライドマテリアルズ、サムスン電子、ＩＢＭ、ベルギー

ｉｍｅｃの企業幹部らを日本に招待し、これらの大手半導体メーカーと日本の半導体サプライチェーン強化に向けた協力関係を推進した。Ｇ７サミットでは日本、米国、フランス、ドイツ、英国、イタリア、カナダの首脳が初めて経済安全保障に関する首脳宣言を発表し、「非デカップリング、多様化、パートナーシップの深化、リスク回避」という経済安全保障の戦略的基盤と強力なサプライチェーンの構築、経済的圧力への対応、重要な革新的技術の流出防止などの戦略的目標を強調した。

経済安全保障に関するＧ７首脳宣言に続き、ＥＵも２０２３年６月20日に欧州経済安全保障戦略を発表した。ＥＵが懸念する経済安全保障リスクは主に次の４つの分野から生じる。第１にエネルギー安全保障を含むサプライチェーンの強靱《きょうじん》性、第２に重要インフラが直面する物理的およびサイバーセキュリティーのリスク、第３に科学技術漏洩のリスク、第４に経済的依存関係が経済・貿易上の脅迫や武器に変化するリスクだ。

このことから、半導体サプライチェーンの安定は米国や日本などを含むＧ７、ＥＵおよびその他の先進国にとって、経済安全保障と地政学上の重要課題として真剣に考えるべきだと共通に認識されていることが分かる。同時に、これら先進国は国家発展と地政学的目標を達成するために、自国の半導体サプライチェーンを強化する具体的な政策措置を積極的に採用している。台湾は半導体サプライチェーンにおいて重要な役割を果たしており、主要国間の競争の対象となっている。

世界の科学技術の生命線に影響を及ぼす台湾

世界の半導体サプライチェーンにおいて、米国は世界シェア第1位であり、設計から製造までを一体化するインテルなどの垂直統合型製造企業の他に、ＩＣ設計に特化したクアルコム、ブロードコム、エヌビディアなどのファブレス企業がある。

台湾は半導体サプライチェーンにおいて米国に次ぐ第2位の供給国であり、特にＴＳＭＣ、ＵＭＣなどのファウンドリー、およびＡＳＥなどの専門的な半導体パッケージングおよび検査では市場シェア世界第1位にランクされている。例えば、調査会社のカウンターポイント・テクノロジー・マーケット・リサーチによれば、２０２０年には台湾が世界のファウンドリー市場の77・3%を占め、最先端製品では90%を占めた。ＴＳＭＣだけでもファウンドリー市場で60%のシェアを獲得しており、第2位のサムスン電子（13%）を大きく上回っている。

世界第3位の半導体産業大国である韓国にはサムスン電子やＳＫハイニックスなどの企業があり、ダイナミック・ランダム・アクセス・メモリー（ＤＲＡＭ）およびフラッシュメモリー（ＮＡＮＤフラッシュ）の世界市場で主導的な地位を占めている。

半導体のチェーン断絶が世界的な業界の悪夢に

２０１８年から激化し始めた米中貿易戦争で、半導体を巡る争いが始まった。世界分業構造の下、米国のＩＣ設計、日本の材料と装置、台湾・韓国の製造、中国市場の需要が半導体産業の著しい発展を促した。

しかし、技術冷戦と経済安全保障という戦略的思考のもと、半導体チップは21世紀において最も重要な資源となった。19世紀の石炭と鉄、20世紀の石油の争奪を経て、大国は半導体チップを備蓄、制御するための戦略を真剣に検討し始めた。

ただ、人間の計算は神の計算には及ばず、２０２１年には世界が大規模な自然災害や感染症の脅威に直面し、半導体のサプライチェーンが寸断された。世界経済はもはや半導体への依存から脱却できないことを世界は十分に認識している。

例えば２０２１年2月16日、米国テキサス州で冬の吹雪による大規模な停電が発生し、サムスン電子、オランダＮＸＰセミコンダクターズ、ドイツ・インフィニオン テクノロジーズの半導体工場が閉鎖に追い込まれた。また同年3月19日、茨城県ひたちなか市にあるルネサス エレクトロニクスの生産ライン設備が火災により停止した。

これらの半導体工場の多くは車載用半導体を主力製品としている。普通自動車の生産には１５００個、情報通信システムが強化された電気自動車（ＥＶ）にはさらに３０００個の半導体チップが必要となる。生産ラインの停止により半導体チップが不足し、世界の大手自動車メーカーは同年７７０万台の生産停止に追い込まれた結果、約２１１０億米ドルの損失を出した。

チップ不足に直面した大手自動車メーカーは半導体チップ生産への緊急支援を求めて台湾を訪れ、各国政府も外交圧力や政策補助金などの手段を用いてＴＳＭＣに自国内での半導体工場設立に同意させようとしている。

電気自動車産業に加えて、５Ｇ（第5世代移動通信システム）、人工知能（ＡＩ）、拡張現実（ＡＲ）／仮想現実（ＶＲ）、ディープラーニングを含む将来のアプリケーションは、スマートフォン、データセンター、クラウド処理、自動運転などに向けた機器類の需要を促進する。それにより各国は半導体チップへの依存度をさらに高めることになり、この希少な資源に対する自主性を持つことが将来の国家発展にとって重要な課題となる。それ以来、ＴＳＭＣに代表される台湾半導体の争奪戦が世界で起きた。

日本、米国、ドイツがＴＳＭＣ工場設立を支援

自動車製造を基幹産業とする日本を例に挙げてみよう。半導体サプライチェーンの自律

性の問題は、日本の自動車産業関連の５５０万人の雇用機会に影響を与える。こうした状況を踏まえ、日本は国際政治経済環境の激変にも耐え得る半導体サプライチェーンを構築し、半導体産業の競争優位性を強化するため、２０２２年６月に半導体戦略を策定し、半導体サプライチェーンのガイドラインを新たに打ち出した。

その中で日本政府は、ＴＳＭＣが熊本県に22／28ナノメートルプロセスの12インチウエハー工場を設立するための補助金として４７６０億円を投資した。これは日本の半導体戦略の中で最も重要な具体策であり、台湾の半導体プロセスやハイテク製品の製造能力が、経済安全保障を考える上で日本にとって不可欠なものになっていることが分かる。

ＴＳＭＣはまた、米国アリゾナ州にもウエハー工場を設立する。日本の熊本工場で生産される自動車用チップとは異なり、ＴＳＭＣの米国３工場では、主に軍事産業需要に対応するための4ナノメートルと3ナノメートルのハイエンド・ロジック・チップを生産する予定だ。ドイツも政策補助金を利用してＴＳＭＣを誘致し、ドイツ・ボッシュ、ＮＸＰ、インフィニオンなどと合弁会社を設立してドイツのドレスデンに自動車用チップを生産するウエハー工場を建設している。

代替困難であることが利点となる台湾の半導体産業クラスター

各国がＴＳＭＣの生産ラインを誘致し、政策を通じて国内企業にも積極的に補助金を出しているが、半導体サプライチェーンにおける台湾の競争優位性に短期的には大きな変化はない。なぜなら台湾は水道・光熱費、人件費の面で優位性があるだけでなく、政策・制度面で政府からの強力な支援を受けており、島の南北３００キロメートルという短い距離に、ＩＣ設計、ウエハー製造、パッケージング、テストまでの一貫した半導体チェーンが統合されているからだ。

半導体材料に国際的な大きな変化があった場合でも、台湾の完全な半導体産業クラスターは影響を受けることなく直接相互に支援することができる。日本や欧州、米国の垂直生産モデルと比較すると、細かな分業と密接なつながりを持つ台湾の半導体産業クラスターの生産立ち上げ効率は他国の2倍以上あり、当面は台湾が世界の半導体サプライチェーンの中核であり続けるだろう。

今後の世界経済・産業の発展は急速に国家戦略・競争のレベルに突入していく。電気自動車、自動運転車、水素自動車、航空機などの将来のモバイル技術、次世代通信５Ｇ、６Ｇ、低軌道衛星、ＡＩ技術、ＩｏＴ、クラウド、ビッグデータなど、最も重要なコアはデバイス内の半導体チップだ。

システムの心臓部（電源）であれ、頭脳（コンピューティング中枢）であれ、動作するには強力なチップを使用する必要がある。特にシステムオンチップ（ＳｏＣ）化は不可逆的な流れとなっており、将来的にはシステムのすべての機能がチップに完全に集積され、半導体チップのそれ自体がシステムとなるだろう。強力なチップを入手できる限り、システムの運用効率を大幅に向上させ、さまざまな専門的な競争分野で国や企業を勝者に変えることができるのだ。

３章　台湾における三位一体の「チェーンパワー」

アイランドチェーン、サプライチェーン、民主チェーン

２０１９年の日本の今上天皇の即位礼正殿の儀では、知恵を象徴する八咫鏡《やたのかがみ》、強さを象徴する天叢雲剣（あめのむらくものつるぎ、別名草薙剣）、慈悲の心の象徴である八尺瓊勾玉（やさかにのまがたま）の３つの神器が継承された。この「三種の神器」の知名度の高さから、高度経済成長期の日本では経済成長を促進した商品を三種の神器と呼んだ。１９５０年代の白黒テレビ・洗濯機・冷蔵庫、１９６０年代のカラーテレビ・エアコン・自動車、21世紀初頭のデジタルカメラ・ＤＶＤレコーダー・液晶テレビなどだ。

台湾には代々伝わる三種の神器はないが、それに匹敵する「護国神山」がある。国の地理上の守護者は、太平洋からの台風の脅威を繰り返し軽減してきた「玉山」に代表される中央山脈であり、国の経済的守護者は台湾積体電路製造（ＴＳＭＣ）に代表される半導体産業であり、近年では台湾の戦略的価値の中核となっている。

実際、台湾の地政学には半導体産業の他に２つの神器がある。すなわち、第一列島線における防衛力、そして民主主義のつながりだ。この３つの神器が台湾独自のチェーンパワーを形成している。

台湾の「三連一体」大戦略思考の要点

地理的には、北太平洋の千島列島から始まり、日本、琉球諸島、台湾、フィリピン諸島を南下し、カリマンタン島などの西太平洋の島々に至る「第一列島線」が存在し、台湾はその中心に位置する。

第一列島線上にある台湾は中国が海洋勢力を拡大できる唯一の道であり、米国にとっては中国の西太平洋進出を阻止する要塞でもある。しかし、米国と日本にとって台湾はパートナーなのか、それともリスクなのか。大国の戦略計画に直面して、台湾は自らの地理的戦略を大国の戦略計画とどのように調整するのか。次の３つの重要なポイントに同時に注意する必要がある。

第１のポイントは、地政学的および安全保障上の明確な影響を持たなければならないということだ。

台湾と中国の関係は１９８０年代後半に緩和され、両岸の緊密な経済貿易関係が発展した。しかし２０１０年以降、中国の軍事力の台頭と東シナ海、台湾海峡、南シナ海およびその周辺海域における中国の活発な活動は、台湾への直接かつ大きな安全保障上の脅威となっているだけでなく、米国、日本、インド、オーストラリア、その他のインド太平洋地域の国々にとっても徐々に共通の軍事戦略的課題となりつつある。

したがって、台湾の地政学的戦略として、まず台湾海峡のリスクを米国、日本などとの戦略的パートナーシップの機会に変え、自らの防衛力を強化しつつ、安全保障情勢のさまざまな急変に適時対応するために中国との一定の双方向関係を維持する必要がある。

第2のポイントは、地経学の重要性も強調しなければならないということだ。過去10年間、アジアの活況な経済活動において中国とインドの占める割合が増大している。台湾経済にとって、中国を生産拠点とするサプライチェーンと14億人の巨大市場の重要性は短期的には代替できない。

また、米国が中国製品に高関税を課し、日本が中国への精密機器の輸出を制限などする中、台湾には強力な政策手段がなく、結果的に中国が台湾の経済安全保障にとって最大の変動要因であり、リスクとなっている。かつて、日米両国の地経学的戦略考察において、貿易やエネルギー供給に関わる「海洋ライフライン」が重要な課題だった。

２０１８年以降、ハイテク産業のサプライチェーンの重要性が注目されるようになった。台湾にとって、日米両国が重視する海洋ライフラインは台湾の海洋ライフラインでもあり、航路の自由と安全を確保するために共同行動を取ることができるはずだ。しかし、ハイテクサプライチェーンに関連する経済のライフラインにおいて、台湾は自身の経済発展戦略の考えに沿って対応すべきだ。

第3のポイントは、海洋国家の位置付けを自由民主主義制度と結びつけることだ。米国、日本、オーストラリアなど西太平洋地域に注目する国々はいずれも自由民主主義体制を採る海洋国であるが、これらの国々が重視するインド太平洋戦略課題は地政学や地経学を中心に展開している。そして、台湾の自由民主主義体制は中国の権威主義体制とは著しく対照的だ。したがって、台湾の地政学においては台湾が海洋民主主義国家であり、自由と繁栄の弧の一員であることをさらに強調し、そうした価値観に基づき中国と競合する戦略概念を確立する必要がある。

チェーンパワーで中国の脅威に立ち向かう

米国と日本の戦略地政学的基盤が中国の台頭を巡る現実と動向に基づいていることは注目に値する。この中国封じ込めという大戦略の本質は当面変わらない。変わるとすれば採用される政策手段だ。

日本を例に挙げると、安倍晋三政権初期の地政学的戦略は、米国の強力な支援がない状

図表1-3-1 東アジアにおける日米の地政学的戦略の本質と政策アプローチ

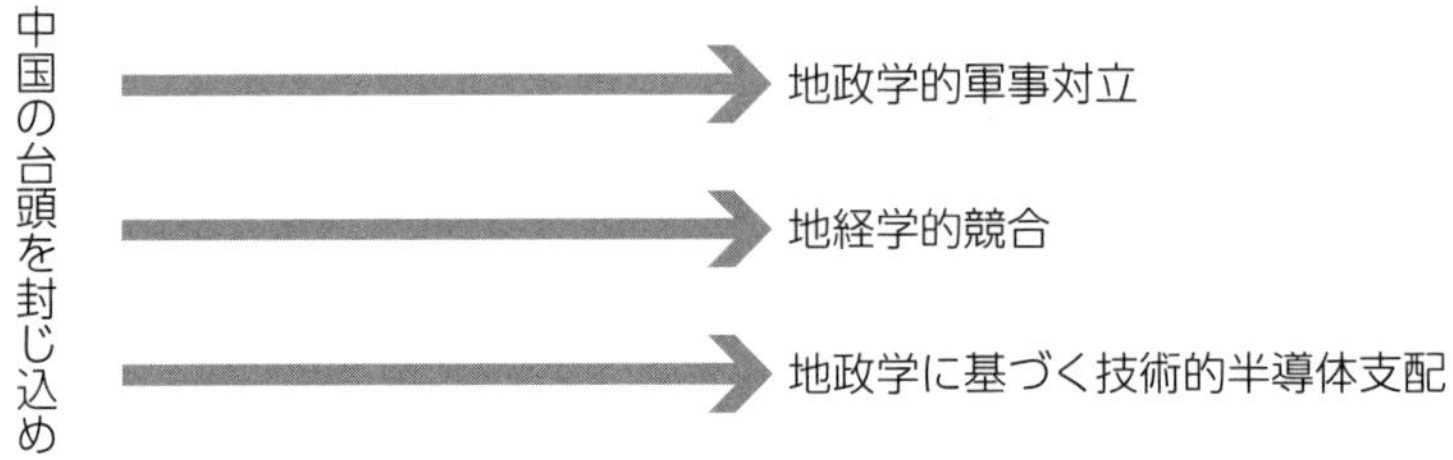

態で中国と対峙する政策を選べなかった。しかし、ドナルド・トランプ大統領就任後、米国と日本は経済・貿易面で中国の一帯一路戦略をけん制するといった新たな政策措置を追加することができた。２０１８年以降、半導体サプライチェーンの重要な役割がクローズアップされる中、米国と日本は地政学的戦略に新たな政策手段を追加した。それは、中国の半導体技術の封じ込めである（図表１－３－１）。

日米の東アジアにおける地理的戦略の本質・戦術的思考と比較すると、台湾の地理的戦略は内側から外側に広がる３層の同心円のようなものだ（図表１－３－２）。最も外側の円は海洋国家の自由で民主主義的なつながりだ。民主主義と自由は普遍的価値の中核概念の１つであり、国際世論に大きな影響力を持っている。

したがって、台湾は海洋国家としての地位を確立することに加え、この戦略的価値を活用して他の自由民主主義海洋国家との協力メカニズムを確立し、国際社会と民主的で自由なバリューチェーンを共有する必要がある。これが前進すれば日米主導の

図表1-3-2　台湾のチェーンパワーによる地理的戦略

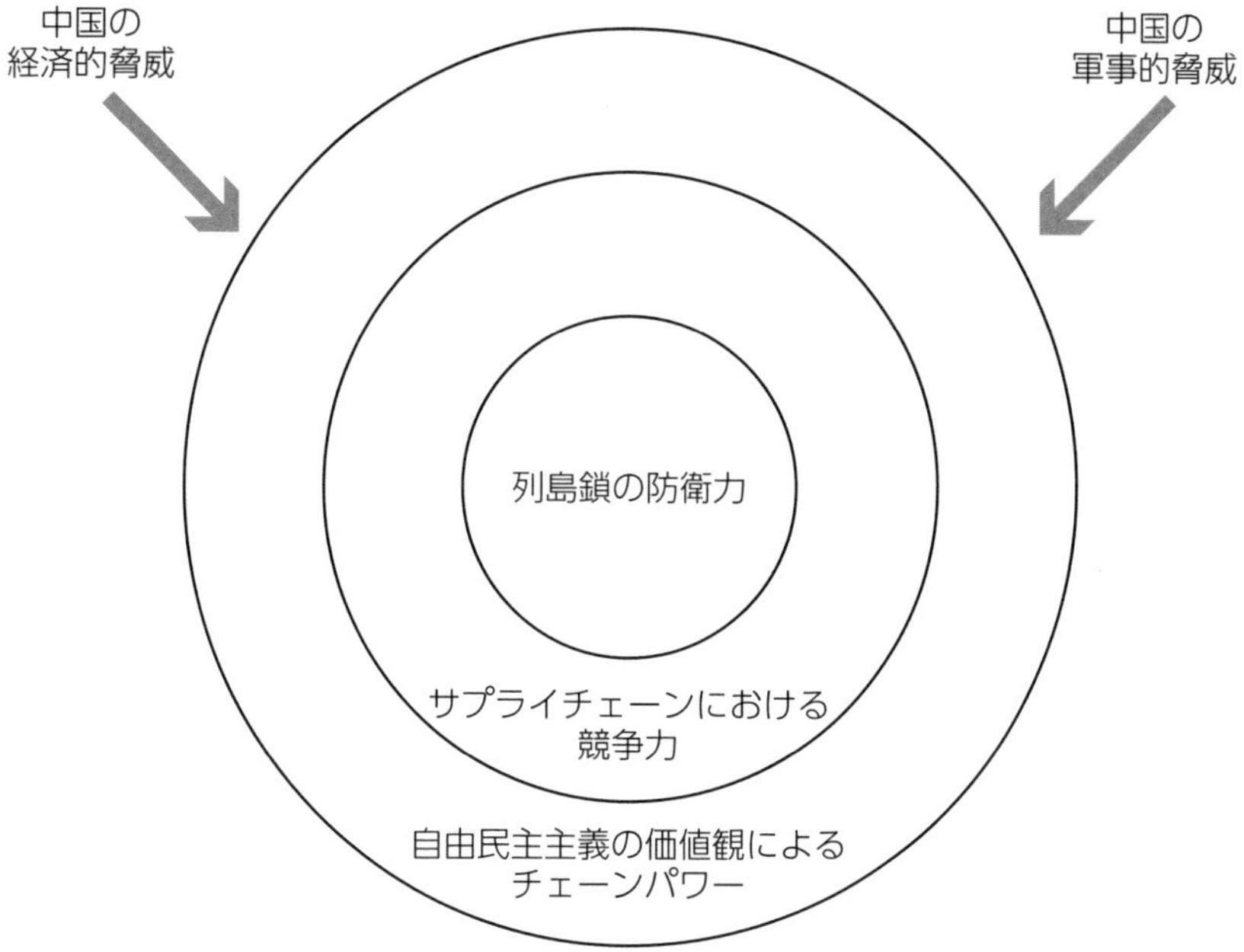

インド太平洋戦略構想に参加でき、後退すれば国際社会からの安全保障上の支持を得ることができる。

2番目の円は半導体を中心としたハイテクサプライチェーンだ。半導体は世界で最も重要な戦略物資となっており、台湾は半導体以外でもハイエンド・クラウド・サーバー、マザーボード、光学レンズ、プリント基板などの電子情報通信産業におけるサプライチェーンで重要な役割を果たしている。ハイテク分野の製造能力を強化することで、台湾はインド太平洋地域で地経学的優位性を確立できるだけでなく、世界のサプライチェーン再編の過程で一定の優位性を獲得することもできる。

最も内側の円の中心は、武力で台湾を侵略しようとする中国の意図を阻止するための防衛的優位性を確立することだ。台湾は東アジアの発展に対応して軍備、人員、予備、訓練などの防衛体制を調整・強化し、第一列島線の重要な位置にあることを活用し、地域の安全保障ネットワークに積極的に参加し、利害関係国との具体的な交流体制を確立する必要がある。

米国、中国の海上戦略拠点を封鎖

地理的には、台湾は第一列島線の中心に位置している。新興覇権国である中国の台頭と既存覇権国である米国の戦略的対応に直面し、台湾は双方の力の盛衰を測る指標の１つと見なされている。つまり、台湾問題の背景には西太平洋における中国と米国のシーパワーを巡る争いがある。

台湾の近代史を見てみると、17世紀以来、オランダとスペインは台湾を明帝国の貿易中継点と見なしていた。その後、鄭成功が清帝国に対する防衛と対抗の拠点として台湾を占領した。清帝国は１６８３年に台湾を占領すると、江蘇、浙江、福建、広東の４省を海上で防衛できるとして、台湾を自国領土に編入した。

大日本帝国時代には、樺太、琉球、台湾を結び、中国を取り囲む形をつくった。その後、国民党政府の時代まで、台湾は依然として中国進出における反共産主義復興の拠点と見なされていた。言い換えれば、近代発展の過程において、台湾は東アジアの航路をコントロールする要衝であるだけでなく、中国に影響を与え、包囲し、進出するための地政学的な出発点でもあった。

米国は第一列島線防衛の戦略思想の下、日本列島、琉球諸島、台湾島、フィリピン諸島を中国封じ込めの戦略的防衛拠点とし、台湾北部の宮古海峡と南部のバシー海峡を、中国が第一列島線を突破する可能性がある重要海域と位置付けている。したがって、台湾は領土を防衛する国家能力に加えて、日米の安全保障体制に適合した戦略的防衛能力も備えていなければならない。

台湾の総合的な力が弱すぎる場合、あるいは台湾海峡の安全と海上交通を守る能力が欠けている場合、米国にとっての戦略的価値は低下するだろう。米国の支援がなければ、台湾の領土と主権の防衛は中国からの深刻な脅威に即座にさらされることになる。第２次世界大戦後、冷戦体制と東アジアの急速な経済発展の影響を受け、台湾の利益は主に主権と領土の安全、経済的利益、東アジア地域の安定を中心に展開した。台湾は地理的に列島線の中心に位置し、中国の脅威に直接さらされているため、台湾の戦略目標を実行する上で軍事力が重要な役割を果たしている。

中国がシーパワーを突破する唯一の方法

台湾の軍事力は常に世界20位前後にランクされている。軍事ウェブサイト「グローバル・

ファイヤーパワー（GFP）」のデータによると、2023年の世界軍事力ランキングでは、トップ3は米国、ロシア、中国となっている。近年の台湾のランキングは2021年が22位、2022年が21位、2023年が23位だった。

東アジア諸国の中で、台湾は中国（3位）、韓国（6位）、日本（8位）、インドネシア（13位）、ベトナム（19位）などに次いでランクされている。しかし、特定の分野においては、台湾の軍事力は一定の評価を受けている。例えば、台湾の空軍力は世界第8位、利用可能な予備兵力の数では世界1位である。

さらに、台湾は6000発の対空ミサイルを保有しており、ミサイル密度ではイスラエルに次いで世界2位となっている。台湾は国防予算を投じて潜水艦「海鯤」を自主開発しており、この潜水艦8隻と購入した潜水艦「剣龍」2隻から成る艦隊を編成して、バシー海峡や宮古などを含む台湾周辺海域における中国海軍の戦略的侵入に対抗する。

中国にとって台湾は北東アジアと東南アジアを結ぶハブであり、その周囲の台湾海峡、バシー海峡、宮古海峡は中国の国家安全保障にとって大きな戦略的価値を持っている。地理戦略的観点から見ると、台湾は中国がランドパワーからシーパワーに発展する唯一の道である。

中国が台湾を獲得すれば、南東海岸に沿って海上障壁を築き、海上航路を維持し、海上権利を確保することができる。また、日米が築いた第一列島線を突破して真の海洋国家に向けて発展することもできる。逆に中国が台湾を確保できなければ、中国の海洋力の発展が妨げられるだけでなく、中国が今後も米国と日本による封じ込めの対象となり続けることを意味する。

海洋民主主義国の1つに位置付けられる台湾

冷戦時代の「海洋民主主義」国家は、「大陸権威主義」国家とは対極の概念であった。特にアジア太平洋地域においては、日本、台湾、フィリピン、インドネシアなどの海洋国家は、中国や旧ソ連と対峙する海洋民主主義国家とされていた。これらの国の地理的位置は、東アジアの列島と重なっている。

台湾は地理的にはユーラシア東海岸の海洋島国に属し、政治制度的には民主主義国家であり、21世紀には政党の輪番化を成功裏に完了し、成熟した民主主義国の仲間入りを果たした。経済発展の面では、重要な戦略的資源は地理的要因によって制限されており、台湾は対外貿易に頼らなければならない。海洋民主主義国家陣営との一員として、台湾は自らの利益をどう考えるべきなのか。

海洋国家民主貿易同盟

海洋民主主義国の国益は、海洋、民主的同盟、貿易ネットワークという3つの側面から議論することができる。

1つ目の海洋では、海洋民主主義国家は自然の障壁や良好な貿易環境はあるものの、天然資源や領土戦略の縦深性に乏しく、安全な航路と安定した海洋環境を求めて、経済資源の獲得と科学技術の発展を通じて国家安全保障を確保することになる。

2つ目は民主的同盟であり、海洋の面積が陸地に比べてはるかに広い海洋民主主義国家では、民主主義、人権、法的優位性などの価値観に基づいて同盟を形成し、海洋秩序を共同で構築する傾向にある。例えば、日本が提唱する「自由と繁栄の弧」は、日本を起点として東南アジア、中央アジアを経て中東欧に至るという、同じ価値観を共有する国々が弧を描き、ユーラシア大陸を取り囲む戦略となる。

最後は貿易ネットワークで、かつてはグローバリゼーションの過程において、自由貿易体制による経済の相互依存と貿易ネットワークの形成が共通の繁栄を生み出す唯一の方法と考えられていた。しかし、米中貿易戦争の下、技術サプライチェーンは再編され、海洋民主主義に影響を与え、新たな貿易ネットワークが形成されている。

アイデンティティーを転換し、南向政策を開始

海洋空間の要素に加えて、台湾のアイデンティティーも自らの利益を考える方向に向かっている。冷戦中、中華民国憲法の枠組みに基づき、台湾の領土と主権に関する議論には中国本土全土が含まれていた。２０００年以降、そのアイデンティティーは冷戦体制や憲法構造から切り離され始めた。最も大きな変化の1つは、領土と主権の防衛を考える際に自らのアイデンティティーが海洋国家へと徐々に傾斜していったことだ。

さらに第2次世界大戦後、台湾の経済貿易構造は米国のアジア太平洋戦略に組み込まれ、米国の経済貿易外交政策の直接的な影響を受けた。この間、台湾は日本から原材料、部品、主要技術を輸入し、加工して米国市場に輸出し、台湾・日本・米国の緊密な三角経済貿易関係が形成された。

１９７０年代までに、日中および米中関係の正常化に伴い、国際政治における台湾の地位は厳しく問われ、自らの利益における経済の役割はますます重要になった。１９８０年代半ば以降、中国の改革開放政策の下、台湾の製造業のサプライチェーンは急速に西側へシフトし始めた。１９９０年代、両岸の経済貿易関係が強化されると、台湾もアイデンティティーの変化の過程で、海洋国家の考え方で対外経済貿易関係を考えるようになった。

台湾は１９９４年に発表された東南アジア経済貿易活動強化計画を皮切りに、李登輝氏、

陳水扁氏、蔡英文氏の政権時代に3回の南向政策を打ち出した。その主な理由としては、東南アジアの豊富な資源、人口の多さ、地理的な近さに加え、南下政策による台湾の経済主権の維持や海洋民主主義諸国との政治経済関係のさらなる発展などが挙げられる。

また、台湾経済部などの統計によれば、台湾はエネルギーの97・9％、食料の66・7％を船で輸入しており、海上輸送量は世界の2・18％を占めている。台湾の主要な海上交通路のうち、東シナ海、バシー海峡、南シナ海は、近隣諸国からの貨物船が必ず通過しなければならない隣接海域だ。

台湾にとって、ひとたび輸送が遮断されれば貿易に重大な影響が及ぶだけでなく、発電所は燃料不足で電力を供給できなくなり、食糧安全保障も深刻に脅かされることになる。隣接海域での法執行能力を共同で構築し、貿易ルートの安全を確保するために台湾とどのように協力するかは、関連する海洋民主主義国にとっても台湾の戦略的価値を考慮するための重要な入り口となる。

「テクノロジーの新台湾」対「レッドサプライチェーン」

2008年、珠江デルタ開発のボトルネックに直面した中国広東省は、一連の政策計画を通じて産業構造の調整を行い、伝統的な製造業を別の地域に移し、高度な産業を育てる「騰籠換鳥（鳥かごを空にして新しい鳥に入れ替える）」戦略を提案した。その後、広東省の騰籠換鳥戦略は長江デルタ地域にも拡大された。これを全面的に推進することで、中国業界の高度化と変革は一定の成果を上げた。

一方で当時、中国に進出していた台湾企業の業種はローテクで労働集約型が多くを占めており、この移転の対象となった。台湾企業は追い出され、中国企業の製品が台湾の部品や半製品を急速に置き換え、「レッドサプライチェーン」を形成することとなった。

世界的なサプライチェーンの重要なプレーヤーである台湾

国際社会における台湾の特殊な状況により、経済的利益は常に台湾の最も重要な利益となってきた。台湾企業はこれまで、産業政策や経済外交を通じて世界の産業サプライチェーンにおいて重要な役割を果たし、台湾の国際競争力を強化してきた。現在、台湾は半導体、情報通信、エレクトロニクス、繊維、スポーツ用品、自動車部品、その他の産業分野を含め、世界のサプライチェーンにおける重要な存在となっている。

中国は騰籠換鳥戦略を用いて台湾のサプライチェーンメーカーの一部を置き換えると同

時に、「中国製造２０２５」戦略に基づき世界のサプライチェーンにおける中国の役割を強化し、ハイテク産業においては外国技術への依存を減らしている。しかし、この戦略は主に政府の補助金を利用し、知的財産権を無視し、ハイテクサプライチェーンにおける中国の優位性を確立するために外国のハイテク企業を買収するものである。これが米国で疑惑を引き起こし、米中貿易戦争の背景にもなっている。

中国製造２０２５戦略に対抗する中、半導体と情報通信のサプライチェーンにおける台湾の役割は世界の注目を集めている。これらの産業はいずれも１９８０年代以降に急速に発展し、台湾を代表する主要な技術サプライチェーンとなっている。現在、台湾は半導体・情報通信産業の最も重要な集積地となっている。

同産業において、サプライチェーンの一部は台湾製もしくは台湾に関連する企業が製造している。半導体サプライチェーンでは、台湾はウエハーファウンドリーと専門的なＩＣパッケージング、テスト分野で世界第1位、ＩＣ設計で世界第2位、メモリーで世界第4位となっている。ノートパソコン、ケーブルモデム、サーバーのマザーボード、無線ＬＡＮルーターなどの情報通信サプライチェーンにおいては、台湾は世界第1位にランクされている。台湾はこれらのサプライチェーンにおいて極めて重要な役割を果たすだけでなく、モバイル機器、ＡＩ、自動運転車、ＩｏＴなど、関連産業の発展にも直接影響を与えている。

図表1-3-3　台湾の国益構造

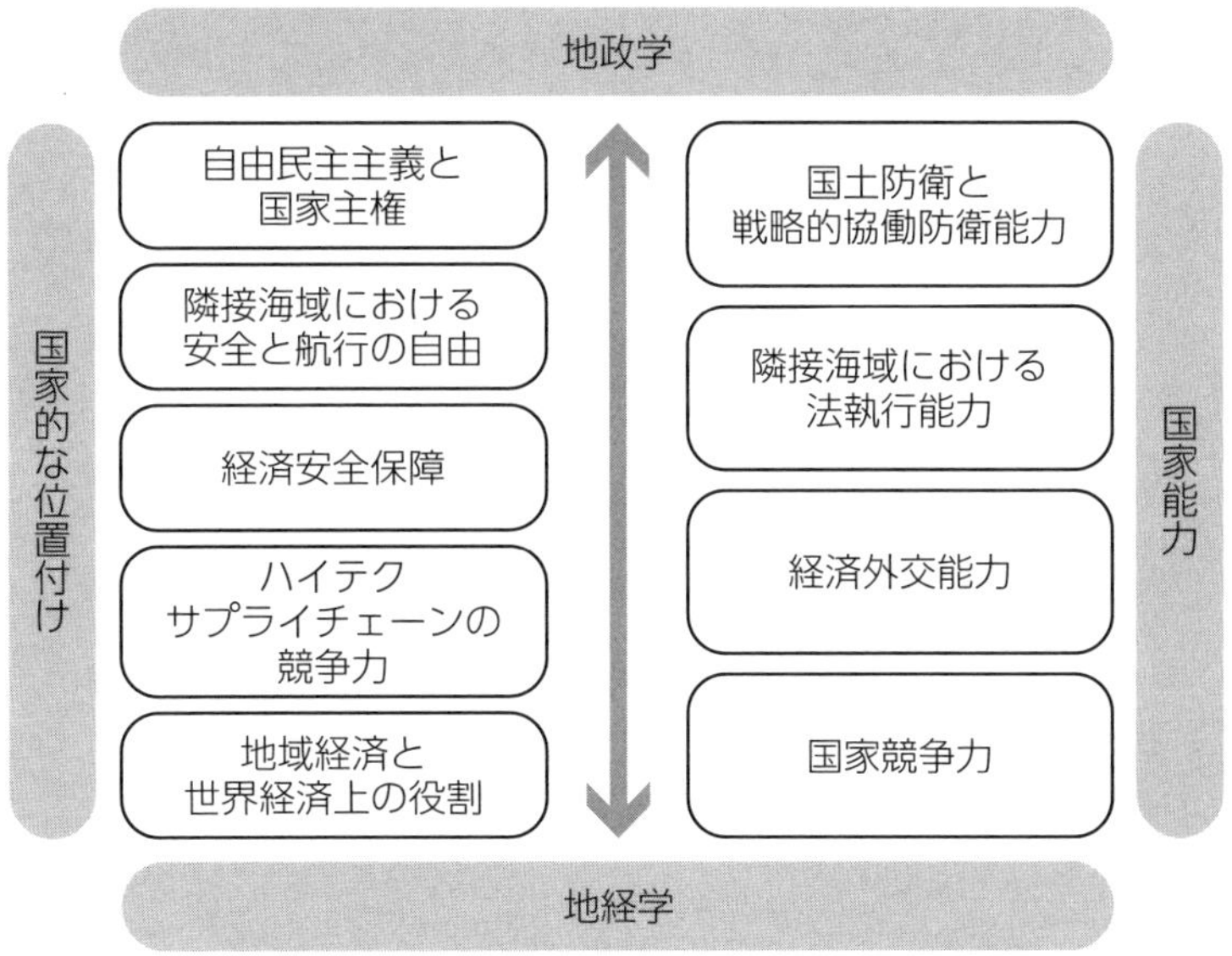

レッドサプライチェーンが到来し、東アジアで新たなゲームが始まる

台湾にとって地理的戦略概念の下、最も重要なことはハイテクサプライチェーンの影響力を維持・強化し、近隣諸国との自由貿易ネットワークを確立することである。地政学が支配的だった20世紀においては、米国と日本は台湾の最も重要な貿易相手国だった。しかし21世紀に入り、地経学への注目が高まるにつれ、台湾の経済的利益は中国や東南アジア市場に移り始めている。

中国が台頭しレッドサプライチェーンが形成されると、台湾のハイテクサプライチェーンの競争力強化と地域経済の統合、グローバルサプライチェーンにおける新たな戦略的地位を模索することは、自らの能力を構築し利益を実現する上での考慮の核心となる（図表1－3－3）。

4章　東アジア地政学の政治的誘惑

サッカー場27個分の広さの島を巡る戦い

20世紀に入り、世界の地政学は急速に再編され、東アジア列島線の重要性は自明のこととなった。これらの島々はそれぞれ離れているように見えるかもしれないが、大国間の争いの重要なポイントである。また、日本と韓国の間で係争中の小島もある。

２０１２年8月10日、韓国の李明博大統領（当時）はヘリコプターで独島（韓国での呼称、日本では竹島と呼ぶ）に上陸し、同島に上陸した初めての韓国大統領となった。この島の主権を主張する日本は直ちに駐韓大使を召還して抗議した。これにより、１９８０年代から存在していた日韓の領土主張を巡る紛争が日韓紛争に発展することとなった。

竹島は韓国と日本の間に位置し、東西にある2つの小さな島と14の岩で構成されており、面積はわずか0・18平方キロメートル、サッカー場27個分ほどの広さだ。地理的に見ると、竹島に肥沃な土壌などの陸地資源はない。海底にもしかしたら石油、天然ガス、レアメタル鉱床などの天然資源が存在する可能性はあるが、周囲の海流は一年中荒れており、海底資源の開発には適さない。

現在の経済価値は、日韓間の伝統的な漁場である水産資源だ。しかし、これまで日韓両国が表明した立場、引用された証拠、強調した価値観から判断すると、水産資源の綱引きが、この係争の最も重要な鍵ではなかった。

日本と韓国が表明するそれぞれの意見

日本と韓国が主に気にしているのは歴史的な国民感情である。日韓両国は当時、歴史文書に島の記録があることを強調し、韓国は『太宗実録』の１４１７年の記述を引用し、日本は１６６７年の『隠州視聴合記』を引用してそれぞれ島の所有権を主張した。

しかし、最大の論点は第２次世界大戦後、敗戦国日本が放棄した占領地に竹島が含まれていたかどうかである。

１９４６年１月、連合国軍最高司令官総司令部（ＧＨＱ）は連合国総司令部覚書（ＳＣＡＰＩＮ）第６７７号を発令し、竹島を鬱陵島とともに在韓米軍の管轄下に移管した。韓国はこれを基に竹島が自国の領土の一部であると主張している。

１９５０年６月に朝鮮戦争が勃発し、北東アジアの領土地図は変わった。翌年７月、ＧＨＱはＳＣＡＰＩＮ第２１６０号で竹島を米軍の海上爆撃演習場に指定し、これが

１９５２年7月に日米合同委員会と日本の外務省によって承認されている。したがって、日本は連合国が竹島を日本の領土と見なしていると主張している。

　領土所有権を決めるために１９５１年に署名されたサンフランシスコ平和条約では、朝鮮併合前にもともと朝鮮に属していた竹島の権利を日本に放棄するように求めた韓国の要求は米国に受け入れられなかった。この条約締結後、日本は竹島近海での漁業を含め、主権国家としての正常な権益の回復を始めた。

　これに関して、独立運動の指導者である韓国の李承晩大統領（当時）は１９５３年1月18日に海洋主権宣言を提案し、韓国領土（竹島を含む）の周囲２００カイリ（約３７０キロメートル）を韓国の専有漁業・天然資源開発水域と定め、外国船舶（特に日本漁船）の当該海域への立ち入りを禁止した。当時、韓国臨時政府はまだ国際的に承認されておらず、日本と韓国の間には正式な外交関係はなかったが、日本は韓国が一方的に発表した「李承晩ライン」（韓国はこれを「平和線」と呼んだ）を完全に無視した。

主権紛争は漁業紛争にも及ぶ

　日本と韓国が竹島近海で初めて大きな衝突を起こしたのは、１９５３年2月のことだった。日本の漁船が操業のため李承晩ラインを越えたところ、韓国海軍の艦船から機関銃で発砲され、日本の漁師が死亡、漁船も韓国海軍に拿捕《だほ》された。海上保安庁は直ちに漁業保護のため船舶を派遣し、韓国もこの目的のために釜山に海洋警察を設置した。それ以来、竹島近海では韓国海洋警察や日本の海上保安庁の巡視船が頻繁に衝突し、銃撃戦も起きている。

１９６３年に李承晩氏が退陣し、朴正熙氏が韓国大統領に就任すると、日韓関係は軟化した。１９６５年、日本と韓国は正式に国交を樹立し、領土問題による漁業紛争を一時的に解決するための漁業協定に署名した。韓国が李承晩ラインを強硬に推し進めた12年間に、延べ３９００人以上の日本の漁業従事者が韓国の法執行機関に逮捕され、３２８隻の日本漁船が韓国に拿捕された。このうち日本側の死傷者は44人に上る。

このことから、竹島を巡る領土問題の本質は、戦後の激しい地政学的な変化で生じた権力再編が残した爪痕だと分かる。日韓両国は国交樹立後、竹島の領有権問題を将来の交渉で解決することに合意したが、韓国は常に竹島問題を歴史問題の一部として捉えてきた。竹島に対する日本の主権主張に対しては、しばしば国家主義的な反応が見られる。その後も韓国は竹島を実効支配しながら島内に船舶ターミナルや灯台などを設置する一方、日本は竹島周辺での警戒態勢を強化し続けた。

日本と韓国が重視しているのは、国民感情に加えて地政学的な戦略的価値も含まれる。竹島は韓国の最も近い鬱陵島から49カイリ（約91キロメートル）、日本の最も近い隠岐島から86カイリ（約１６０キロメートル）の距離にある。竹島と最も近い陸地である韓国の慶尚北道と日本の島根県との間の距離は、１１３カイリ（約２１０キロメートル）である。日本と韓国の陸と海の境界線の中間点に位置するという地政学的な特徴から、竹島を巡る戦略は両国にとって関心事である。

日露戦争で初めて国際舞台に

竹島が歴史上初めてその地理戦略的価値を実証したのは、１９０４年の日露戦争中のことだった。日露戦争が始まった１９０４年5月、日本海軍はロシア太平洋艦隊の動向を注意深く監視するため、鬱陵島に無線通信所を設置し、竹島に観測塔を設置する計画を立てていた。同時に竹島と鬱陵島、竹島と隠岐島を結ぶ２本の海底ケーブルが敷設された。

しかし、ロシア帝国は日本が鬱陵島に臨時監視所を設置したことを、各種情報源を通じて大まかに把握しており、まだ監視基地が設置されていない竹島付近の海域を通過することを選択し、反撃開始の準備のためウラジオストク港に向けて出港した。日本はバルチック艦隊が竹島近海を通過すると判断し、対馬海峡に兵力を集中してバルチック艦隊を待ち受けた。

その結果、待機していた日本連合艦隊は日本海海戦でバルチック艦隊の艦艇の３分の２

を撃破し全面勝利を収めた。この戦いの後、日本は竹島の地政学的価値を改めて認識した。そのため、１９０５年１月、日本は竹島を日本の領土に含めることを閣議決定した。

第２次世界大戦後、旧ソ連と北朝鮮の軍事的意図を阻止するため、日本海の監視・哨戒は米第７艦隊の日常任務となった。冷戦後の時代に入ると、事実上の管轄権を持つ韓国は徐々に竹島に自動気象観測所、衛星アンテナ、その他の軍事施設を設置した。実際、竹島に高性能レーダー基地が設置されれば、その探知範囲は韓国南東部の海空軍拠点と日本の西側のほとんどの地域をカバーすることになる。日本と韓国にとって、この地理的優位性により、竹島は両国が争わなければならない戦略的場所と見なされ続けている。

地理的位置から地政学へ

スウェーデンの学者ルドルフ・チェレーン氏が１９１６年に初めて「地政学」という用語を使用して以来、この概念は今日に至るまで国際政治や国家開発のキーワードとなっている。地政学の本来の意味からすれば、地理的景観（水文学、地形、生物学など）に適合した開発戦略を策定するなど、地理的環境に応じて実行される政治的行為だけではない。競合国との地理的緩衝地帯の確立など、政治的目標を達成するために策定された地理的戦略も含む。

どちらの意味に属するにせよ、地理は地政学の基本であり核心となる。ほとんどの人々の地理に関する理解は、南東・北西といった方向、温帯・熱帯といった緯度、山・川・平野などの地形、人口と集落の分布にすぎない。そして、これらの地理的要素と自分や母国との距離が「地理的位置」という概念を形成する。

人類の歴史的発展の過程で、政治制度の発展や戦争の必要性により、敵と自分たちの地理的位置を知ることがあらゆる勢力にとって競争上の優位性を獲得する鍵となってきた。中国の歴史の中で最も有名な戦略的声明は西暦２０７年の「隆中対」だ。

諸葛孔明の目から見ると、荊州は交通と経済の中心であり、益州は政治の中心地を確立するのに適した、守りやすいが攻めるのが難しい場所だった。もし情勢に変化があれば、２つの軍を北に派遣することができる。一方は荊州軍を率いて万城・洛陽へ進軍し、もう一方は宜州軍を率いて秦川から脱出することができる。諸葛孔明の地理的位置に基づく戦略的議論は劉備に高く評価され、当時の蜀漢王朝の建国と発展の戦略方針となった。

世界地図が大航海時代を動かす

しかし、私たちが知っている地理的位置は、軍事戦争の鍵から現代の地政学の基本的な核心へとどのように変化したのだろうか。第1の要素が、地図技術の発展だ。

中国語の地図という言葉はもともと地形図を指し、全域の地図は「天下地図」と呼ばれていた。この説の初出は中国の歴史的な書物『戦国策・趙策』である。同書には「……ひそかに『天下地図』によると、諸侯の地は秦の5倍だった……」とあり、春秋戦国時代には地図を製図し領土を比較する概念が存在していたことが分かる。

軍事戦略において、地理情報は戦場の勝敗を左右する重要な秘密となることが多く、例えば孫子の『兵法』の「九地篇」では、地理的環境や敵の状況に応じて9種の戦術に分けられている。中国の歴史において、地図を提供することは軍事機密を引き渡すことと同等であり、それは土地を提供して降伏することと同等だった。戦国時代の「荊軻による秦王暗殺」は、燕国の抗戦地域の地図を提示するという名目で、地図に隠した短刀で秦王を暗殺しようとしたものだった。

英語の地図（マップ）の語源はラテン語の「マッパ」である。マッパとはラテン語でもともとテーブルクロスやナプキンを意味し、当時地図がテーブルクロスのような布に描かれることが多かったことに由来している。そのほとんどがイエスの生誕の地であるエルサレムを世界の中心として、主に宣教師によって描かれており、神の視点から見た哲学的思考や強い宗教的思想が表現されている。それが、「宇宙・世界が描かれた布」を意味するようになった。

ヨーロッパの歴史的発展の過程で、十字軍による東西交易路の拡大と１２９９年のマルコ・ポーロによる『東方見聞録』の出版により、アジア市場への欲求が高まり、それが冒険熱と地図情報の必要性を高めた。

同時に、ベネチアを中心とするイタリアの都市国家は東方貿易を独占することで当時の地政学の中心となった。しかし、モンゴル帝国の崩壊とオスマン帝国の台頭により、イタリアからアジアへの陸上交易路のリスクが増大した。西欧からアジアへの海上交易路を開拓するため、航海術と地図技術を発達させたイベリア半島の国々、すなわちポルトガルとスペインによって大航海時代が始まった。

ヨーロッパの地政学的中心は、陸上交易時代のイタリア半島から海上交易時代のイベリア半島へと徐々に移行していった。実際、ポルトガルが大航海時代に最も初期の海洋覇者になった理由の1つは、最も正確な世界航海図であるカタロニア地図を持っていたためだ。カタロニア地図は１３７５年にユダヤ人の地図製作者クラスケスとその息子によってポルトガルで作成され、当時のヨーロッパで最も完全で正確な世界地図だった。

宗教戦争後、民族国家が台頭

第2の変化は民族国家の出現だ。チェレーン氏の定義では、地政学の前提は国を地理的有機体と見なし、それが国の存続と発展のための理論的および政策的基盤を提供する。

近代国家発展の歴史において、１６４８年にヨーロッパの宗教戦争を終結させたウェストファリア条約は初めて国家主権の概念を確立した。それ以前はローマ教皇が最高の権威を持っており、宗教上の理由からヨーロッパのキリスト教諸国の内政に介入することができた。宗教の名の下に始まった三十年戦争は、ローマ教皇と神聖ローマ帝国の権力基盤を著しく弱体化させるとともに、近代民族国家の形成と国際システムの原型の確立にも貢献した。

このような国際システムでは、各国は領土の規模や国力の強さに関係なく、あらゆる外部勢力を排除してその領土と内政に対する主権を有する。すべての国は平等の主権を持ち、互いに干渉することはない。それ以来、欧州地域では国家体制が発展し、国家間の相互作用の秩序を維持する国際法の原則が徐々に形成されていった。

ポルトガルをはじめとして民族国家が誕生すると、スペイン、フランス、オランダ、英国など西欧諸国は次々と新たな交易路を求めてさまざまな海洋冒険に乗り出した。国家体制間の激しい競争の下、ヨーロッパの地図作成、航海、造船は大きな進歩を遂げた。当時、海洋探査の成否は主に航海地図の精度にかかっていたことから、航海地図は軍事的、経済的にも大きな価値を持つ戦略的資源となり、地理的位置を示すこれらの地図は国家の経済力の拡大と相まって、現代の地政学の基礎を築いた。

地理的位置から地理的認知へ

17世紀に入ると、自分たちが理解している世界地理を示すために各国が次々と世界地図を描き始めたことは注目に値する。1502年ポルトガルの『カンティーノ世界地図』、1507年ドイツの『ヴァルトゼーミュラー地図』、1569年オランダ（フランドル地方）の『メルカトル世界地図』、1602年中国の『坤輿万国全図』などがある。

各国版の世界地図の出現は、帝国に戦略的想像力の余地を提供した。特にポルトガル帝国、スペイン帝国、大英帝国といった西欧の海洋大国では、もともと地図上の航行情報に関連していた地理的標識が、戦略的重要性を帯びて勢力圏を占領・支配するための標識へと変化し始めた。

それ以来、地理的認知が地理的位置に取って代わり、当初はアジア市場で新たなルートと貿易を開拓することを目的として西欧諸国の技術と商業の発展を促進しただけでなく、西欧諸国の重要な経済基盤を提供した。その後、産業革命だけでなく帝国主義思想も激化させ、アフリカ、アジア、アメリカ大陸での植民地を巡る激しい競争を引き起こした。このような背景から、東アジアはヨーロッパの地政学的思考の一部となり、国際システムの舞台に登場した。

東アジアの半島、アイランドチェーン世紀の誘惑

中国初の経度と緯度を記した世界地図『坤輿万国全図』は、１６０２年にイタリア人宣教師マッテオ・リッチによって作成された。

坤輿万国全図は西洋の世界地図をベースに、五大陸、太平洋、大西洋、インド洋などの地理概念、経度、緯度、北極、南極などの地理的知識を導入している。地球球体説、日食、月食などの天文学の知識はもちろん、東洋で普及した漢字を使った地理表示も行われている。中国を地図の中心に置き、一部の地名は中国語に翻訳されており、地中海、亜細亜などの用語は現在でも使用されている。

また、漢字が記された坤輿万国全図は、中国から日本や韓国などの近隣諸国にも伝わり、儒教の天円地方や仏教の四大州といった東アジアの世界観に大きな影響を与えた。

豊臣秀吉の真の計画

当時、坤輿万国全図に描かれた東アジアの最も重要な国は中国の明、北東アジアでは日

本と朝鮮半島だった。

この地図が描かれる10年前の１５９２年、日本を統一した豊臣秀吉は朝鮮出兵を決定し、朝鮮半島南端の釜山に向けて進軍した。戦争初期にどんどん後退していた朝鮮はすぐに明に救援を求め、当時の朝鮮半島はにわかに中国と日本の勢力争いの場となった。この戦いは中国史では萬暦朝鮮之役、日本史では文禄・慶長の役と呼ばれている。

豊臣秀吉の朝鮮出兵の動機については３つの説がある。第１の説は、豊臣秀吉個人が前例のない名声を獲得し、この世と後世において尊敬される地位を確立するためだったというものだ。第２の説は、当時の日本の内政状況に関連しており、天下統一後に諸侯が兵力を蓄えることを防ぐため、戦争によって軍事力を消耗させるためというもの。第３の説は地理的環境の変化に関連しており、主に明に対処するための日本の戦略的選択に関連している。豊臣秀吉は朝鮮を征服し、それを明征服の出発点として利用したいと考えていたというものだ。

実際、豊臣秀吉の朝鮮出兵の決定も西洋の影響を受けていた。

スペインは１５６５年にルソン島（現在のフィリピン）を支配したが、それに見合った経済的利益を得ることができなかったため、ターゲットを中国に向け始めた。１５８０年、スペイン国王フェリペ２世はポルトガルを占領するために軍隊を派遣し、イベリア半島の２つの海洋大国は合併して連合王国を形成することとなった。

こうした地政学的な展開は日本の警戒を引き起こした。豊臣秀吉は日本を統一した後、明との貿易を積極的に行った一方で、西側諸国より先に朝鮮半島を制圧して中国の利権を奪うことにした。

こうした背景の下に描かれた坤輿万国全図は、当然ながらこの3国に焦点を当てたものである。アジア大陸の端にある他の島々は、大明海（現在の東シナ海）を境に大きく2つのエリアに分けられた。大明海の北にある日本と周辺の島々、そして大明海の南にある小琉球、大琉球、ルソン島となる。

注目に値するのは、大琉球とルソン島の間にある台湾は、１６０２年版の坤輿万国全図では未知の島だったことだ。１７０８年になって初めて、日本の新井白石が坤輿万国全図のカラー模写版において、鄭成功と鄭経が統治していた「東寧」という地名を使って、この島をそう呼んだ。

帝国の覇権争いが浮き彫りにする列島線の重要性

19世紀に入ると、大航海時代に続く帝国主義がアジアを席巻し始めた。欧米諸国はまず、フィリピンを支配するスペイン、インドシナ（現インドシナ半島）を支配するフランス、東インド（現インドネシア）を支配するオランダ、マラヤ（現マレーシア）を支配する英国など、アジアにおける植民地勢力圏を分割した。

次に、１８４２年に中国と英国の間で署名された南京条約を含む、条約寄港地、固定関税、最恵国待遇、治外法権などの国際メカニズムを通じて、他の非植民地アジア諸国の権利と利益を獲得した。１８５４年に日本と米国で締結された日米和親条約、１８５５年にシャム（現タイ）と英国との間で締結されたボウリング条約など、アジア大陸の端に位置する列島線地域、特に中国海岸に近い島々は、17世紀に中国市場に参入して権利を獲得するための戦略的な場所と見なされ、西ヨーロッパ諸国による占領のきっかけとなったことは注目に値する。中でもフィリピンを獲得したスペインと、インドネシアを獲得したオランダは列島線地域に特に注目していた。例えば、明と日本との貿易の拠点を確立するために、１６２０年代にオランダとスペインが台湾を巡って競争を開始し、最終的にオランダが勝利している。

19世紀に入ると、中国の国力の継続的な弱体化と日本の国力の台頭により、東アジアの地政学的環境に新たな状況が生じ、東アジア列島線の地理戦略的価値が再編された。日本が明治維新を推進し、富国強兵政策を実行するまでは、朝鮮半島、東アジアの列島線、台湾はいずれも中国との貿易の中継拠点であった。しかし、西ヨーロッパ諸国が不平等条約によって中国沿岸の貿易港を獲得してからは、東アジア列島線の重要性は徐々に低下していった。

英米が注目した日本の小笠原諸島

１８６８年に明治政府が樹立され、抜本的な国内改革政策や施策を実施するとともに、西側帝国主義に抵抗できる国民生活空間の確立に積極的に取り組んだ。国の存続と発展の余地を確保するために、まず新しい国の領土境界を確立する必要があった。

明治政府による長年の交渉の末、日本は千島列島の支配と引き換えに樺太島を放棄し、小笠原諸島と琉球を国の領土に加えた。中でも、小笠原諸島を領土に編入したことは当時の日本の地政学上の大きな成果の１つであった。

１５４３年、スペインは初めて小笠原諸島を発見したが、上陸はしなかった。その後、捕鯨業の発展に伴い、小笠原諸島周辺海域には米国、英国、オランダなど欧米諸国の船が頻繁に行き来するようになった。19世紀までは英国が小笠原諸島を占領しようとしたこともあったが、１８４２年にアヘン戦争で香港に勝利した後、中国から少し離れた小笠原諸島には興味を示さなくなった。

英国とは対照的に、この頃米国は小笠原諸島に興味を持ち始めた。当時、米国は日本に貿易のための開港を求める一方、石炭などの戦略物資を保管できる島も日本周辺に求めた。日本が開港に抵抗した場合、米国は戦略物資の支援を得て、日本に開港を強制するために武力行使を選択する可能性がある。その時点で米国が関心を持っていた島々は小笠原諸島である。

当時、英国と米国は小笠原諸島に特別な関心を抱いていたが、それは純粋に経済的利益に基づいており、より低コストでより高い経済的利益が得られる選択肢に出会ったら切り替えが可能だった。したがって、英国は中国との貿易の拠点として香港を獲得し、米国は日米和親条約を利用して日本に開港を強制した。これにより、両国の本来の利益が満たされ、小笠原諸島を占領し植民地化する必要がなくなった。

しかし、日本にとって小笠原諸島は東京から約１０００キロメートル離れているが、欧米諸国が戦略物資の補給基地としてこれを獲得されれば、日本の地理安全保障に直接影響を与えることになる。樹立されたばかりの明治政府は英米と積極的に交渉し、ついに１８７６年、欧米計16カ国に対して小笠原諸島の主権は日本に帰属することを宣言した。

無名島が一転、日本の大戦略の中心に

台湾は東アジア列島の中心に位置し、１８９４～１８９５年の日清戦争後の東アジアの発展に歴史上初めて影響を与えた。勝利した日本は敗北した清朝に遼東半島と台湾を要求したが、前者は朝鮮半島を安定させ支配するための重要な場所であり、後者は海を越えて

勢力を誇示し、海洋強国を構築するための戦略的基盤であった。

しかし、ロシア、ドイツ、フランスの介入により、日本は遼東半島を放棄せざるを得なくなった。このため、北を守り南に進むという国是が掲げられ、台湾は日本の地政学上の要衝となり、日本の国力を西方（中国南部）と南方（南洋地域）に延伸するための布石となった。

台湾の地政学的価値を最初に明確に表明したのは、第2代台湾総督の桂太郎氏であった。桂氏は『台湾統治に関する意見書』で、「日本は台湾を足場に、アモイを港の玄関口として中国南部に勢力を伸ばすべき」であるとした。その後、台湾は日本の政治やビジネスの影響力を東南アジア地域に拡大する拠点として利用された。

簡単に言えば、台湾を起点として華南を管理し、大日本帝国の勢力を東南アジア地域にまで拡大することが、当時の日本政府が描いた地政学的青写真の1つであった。１９３６年8月、南進政策が日本の閣議で承認され、初めて正式に日本の国策の基準となり、台湾の戦略地勢上の地位はますます重要になり、当時の日本の大戦略の中心となった。

国際政治勢力再編「東風立ちぬ」

１００年前の国際政治は、第１次世界大戦の終結を背景にヨーロッパを舞台とした権力の相互作用に基づいていた。伝統的なロシア帝国、オーストリア・ハンガリー帝国、オスマン帝国は戦争により崩壊し、ヨーロッパでは多くの新しい民族国家が形成された。

戦争の再発を防ぐため、各国は集団安全保障、軍備制限、大国の責任によって国際紛争を鎮めるために国際連盟を設立した。ここで、集団安全保障とは、ある国に対する侵略行為がすべての参加国にとって共通の挑戦であることを意味し、参加国は侵略に対して共同で戦うために連合を結成できることを意味すると明確に定義された。軍備制限とは外交交渉と国際条約を利用して武器の量を制限し、参加国に順守を要求する。国際紛争に対処する場合、決議を履行し、経済制裁を課し、必要に応じて軍隊を派遣する。

2度の世界大戦がもたらした変化

旧帝国が崩壊し、新しい国家が設立されると、ヨーロッパ諸国では多くの領土紛争が発生し、国際連盟と当時のヨーロッパ主要国の調停と仲裁に依存していた。

例えば、スウェーデンとフィンランドの間に位置するオーランド諸島（約６５００の島から成る）は、もともとロシア帝国に属していた。ロシア帝国が崩壊するとフィンランドは独立を宣言し、オーランド諸島を領土の一部と見なした。しかし、オーランド諸島のスウェーデン語を話す住民のほとんどはスウェーデンへの帰属を望み、その結果、スウェーデンとフィンランドの間で紛争が激化した。最終的に国際連盟の介入と英国の調停により、オーランド諸島は名目上フィンランドに属し、フィンランドで唯一スウェーデン語を話す行政地域として高度な自治権を持つ非武装中立の地位が確立された。

第１次世界大戦後のヨーロッパ構造の取り決めが戦争の再発を防ぐことができなかったことは明らかだ。第２次世界大戦の導火線は欧州の地政学リスクを適切に解決できなかったことも原因で、主要国間の紛争と憎しみが激増した。そして１９３９年９月１日、ドイツ軍のポーランド侵攻により戦争が始まった。

第２次世界大戦は人類史上最大の戦争であり、各国が国家統一の計画の下、経済、産業、労働力を含むあらゆる資源を動員して戦場に投入した。軍民資源の併用により、多数の非軍人（民間人）が戦争に巻き込まれ犠牲となった。

第２次世界大戦後、国際情勢は東西冷戦の様相を呈した。旧ソ連に対抗するために、米国はヨーロッパとアジアで二国間および多国間軍事同盟を設立した。この時期、米国とその同盟国は、北大西洋条約機構（ＮＡＴＯ）を通じて欧州地域を支点として国際政治の権力体制の均衡を保ってきた。１９６１年のベルリン危機、１９６６年のフランスのＮＡＴＯ離脱、１９６８年の旧ソ連によるチェコスロバキア（現チェコ共和国およびスロバキア共和国）への軍事侵攻などは、全てヨーロッパで起こった重要な権力闘争だった。

世界権力の支点を変えた3つの地政学的事件

ベトナム戦争や旧ソ連のアフガニスタン侵攻など、欧州以外での大きな紛争の発生は、周辺地域における地政学的リスクが増大していることを示していた。つまり、冷戦時代には米ソを主人公とし欧州を主舞台とした力関係モデルに加え、中央アジアや東アジアにおける地政学的な対立が次第に国際社会の重要な課題となりつつあった。1991年以降、ソ連の崩壊に伴い、ヨーロッパは正式に冷戦後の時代に入った。冷戦後、ほとんどのヨーロッパ諸国は短期間に大規模な戦争が勃発することはないと考えていたが、この新たな状況にどう対処するかが欧米諸国にとって重要な課題となっていた。

同時に、欧州外では新たな経済的、政治的、軍事的緊張が生じていた。中でも、ユーラシア大陸の反対側に位置する東アジアにおける中国の台頭は、欧米諸国にとって冷戦後の国際情勢を変える最初の大きな地政学的出来事となった。

共産圏崩壊に乗じて北朝鮮が旧ソ連のミサイルや核兵器技術を積極的に導入したことにより、朝鮮半島の緊張が高まり、これが国際情勢を変える2番目の大きな地政学的出来事となった。

1990年代半ば以降、台湾の現地化運動の台頭と総統の直接選挙により、統一と独立

図表1-4-1　過去100年間での国際政治権力の支点の変遷

100年前		現在
欧米諸国が主導する国際政治と新たな国際体制の形成	**国際環境**	台頭する中国が現状打破を目指しており、米中と全面的競争と対立の関係
欧州	**ホットスポット**	東アジア
領土と主権	**国家利益**	領土、主権、経済、技術
軍事力	**権力基盤**	軍事力、経済力、技術力
軍事安全保障	**中核戦略**	経済安全保障が主であり、軍事的安全保障は二の次

の問題が両岸関係において敏感な問題となっただけでなく、台湾海峡を越える情勢の発展も促進した。これが国際情勢を変える3番目の大きな地政学的出来事となった。

1世紀前にはヨーロッパを国際政治権力の支点としていた地政学は、現在では東アジアを権力の支点とする国際構造へと変化した。

アジアが世界の舞台に進出し、米国と中国が対峙

前世紀の国際政治はそれが国際連盟の設立と運営であれ、新興国の国際的地位、権利と義務であれ、完全にヨーロッパの大国と米国によって決定された。この時代、東アジア地域は日本やタイなど一部の国を除き、ほとんどが欧米諸国の植民地または勢力圏に属していた。

当時、欧米諸国間の権力競争は主に手段として軍事力、戦略として軍事同盟、形式としては戦争が用いられていた。ヨーロッパと米国が国際政治の中心であるため、この地域での戦争や紛争は

当然世界の他の地域にも広がる。例えば、第2次世界大戦の導火線はドイツによる国家発展のレーベンスラウム（生存圏）の追求、大規模な再軍備、オーストリアとチェコの合併、そして世界秩序の再改定の提案だった。

ドイツの拡大を阻止するために、英国とフランスはポーランド、オーストラリア、カナダ、ニュージーランド、南アフリカなどと軍事同盟を結んだ。その後、米国、旧ソ連、中国もこの軍事同盟に加わり、連合国の名においてドイツ、イタリア、日本が支配する枢軸国の軍事同盟と戦った。

今日、国際舞台の中心はアジア、特に東アジアに移り、国政政治は米国と中国の2大国が主導権を握るようになった。中国は政治においては共産党の指導を堅持し、経済においては国家資本主義を採用しており、グローバル化への参加により国力を大きく増大させている。

台頭する中国は第2次世界大戦後の国際政治の取り決めを調整する必要があると主張している。このため、権力の現状維持を重視する米国と国益の相違が生じ、軍事、経済、科学技術、イデオロギーの全面的な対立につながっている。

この対立関係において、米国は経済安全保障を重視し、軍事安全保障を補完する戦略で中国と対峙している（**図表1－4－1**）。

第2部　グローバル化と半球化

１章　グローバル化は終わり、半球化が進むのか？

米国基準か、中国基準か

台湾積体電路製造（ＴＳＭＣ）創業者の張忠謀（モリス・チャン）氏は２０１９年、ＴＳＭＣは世界の地政学戦略家にとっての戦場になっていると語った。４年後の同社イベントで同氏は以前の発言を追認しただけでなく、「半導体に関してはもはやグローバル化はなく、自由貿易も存在しない。結局のところ、重要なのは国家安全保障であり、どの国も国家安全保障について懸念している」とした。

次の言葉は２０２２年12月７日、ＴＳＭＣのアリゾナ工場で行われた式典に出席した米国のジョー・バイデン大統領の前で張氏が述べたものだ。「グローバリゼーションはほぼ死滅し、自由貿易もほぼ死滅している。多くの人々が自由貿易の復活を望んでいるが、私はすぐには復活できないと思う」。

張氏の演説の背景には、２０１８年からの米中貿易戦争以降、グローバル化が徐々に二極化していることがある。現在の米中対立は冷戦時代の米ソ対立を想起させる。

ＴＳＭＣにとって、半導体産業においては米国しか選択肢はない。半導体を含む国際経済貿易ネットワークは、将来的には米国主導のサプライチェーン規格を使用して、中国主導のサプライチェーン規格と競合することになる。単一規格でのグローバリゼーションを主張する人は、もはや議論の主導権を握ることはできない。互換性のない２つの規格が競合する「半球化」が勢いを増している。

米中貿易戦争が国際政治・経済に波及

２０１８年3月22日、ドナルド・トランプ米大統領（当時）は中国の「経済的侵略」に対抗する覚書に署名し、中国に対する関税制裁を決定した。中国も対抗手段として、中国に輸出される米国の農産物や工業製品に報復関税を課した。その後、双方の制裁関税の範囲は拡大を続け、米中貿易戦争が始まった。この状況が悪化したことで、グローバル化に取り組む世界貿易機関（ＷＴＯ）は貿易協定の履行を効果的に監督し、二者間の貿易紛争を調停することが不可能になっている。

かつて、ほとんどの経済学者は、グローバル化は不可逆的な傾向であると信じていた。南北問題、国境を越えた犯罪、金融リスクなどの欠点もあったが、それを補うに十分な世界的な経済成長、低コストで高品質の商品やサービスの提供、発展の多様化などの利点をもたらした。しかし、世界2大経済大国間の貿易摩擦は、当初の貿易摩擦から経済、技術、軍事、外交などの面での対立に拡大し、その結果、現在の経済・産業分野では2つの基準が出現するに至った。米国基準と中国基準だ。日本、台湾、韓国、欧州連合（EU）などを含む国々にとっては、異なる国際基準に適合するために、経済貿易のリスクとコストが増加することとなる。もともと後戻りできないと思われていたグローバル化の流れは、徐々に米国と中国がそれぞれ独自の基準を持つ半球化へと変わりつつある。

衛星測位システムの異なる発展方向

衛星測位システムを例に挙げる。1990年代に米国が構築した全地球測位システム（GPS）は、軍事における正確な弾道ミサイル航法機能に加えて、現代の交通機関、デジタル通信、水文監視、気候変動の観測などの産業分野にも直接、経済的影響を与えた。ロシアも兵器ナビゲーションの必要性から、主に軍事目的でGLONASSを独自に開発した。その後、EUは2011年に主に民間目的で利用されるガリレオ測位システムを推進した。

この測位システムを確立する過程で、EUは米国からの圧力に直面した。米国の

ＧＰＳと互換性を持たせるため、ＥＵは中国の参加を排除することを決定した。

中国に関しては２００８年以来、中国の独自基準の北斗衛星ナビゲーションシステム構築への投資を加速させている。２０１８年、中国は北斗衛星ナビゲーションシステムによって完全な全地球測位サービスを提供する計画を発表した。これは軍事用と民間用の両用システムであり、米国のＧＰＳと競合する。

そもそも中国が北斗衛星ナビゲーションシステムの開発に着手したのは、１９９６年の台湾海峡危機の際、ミサイル発射時にＧＰＳによる妨害を受けたことがきっかけだった。その後、中国経済の発展に伴い、当初の軍事目的から徐々に民生利用も考慮されるようになり、一帯一路の戦略的思考の下、北斗と合わせて関係国と積極的に協力してインフラ網を整備した。北斗衛星ナビゲーションシステムと組み合わせることで、中国基準の通信、交通、ＩｏＴ、その他の関連産業と市場を開発している。

衛星測位システム、コンピューターや携帯電話機／スマートフォンのＯＳから半導体のサプライチェーンに至るまで、米国と中国の差異は日に日に拡大しており、グローバル化の列車は終着駅に着いてしまったかのように見える。米国は米国基準の優位性を確立するために、欧州、日本、韓国などの民主主義先進国と団結した。

一方、中国は国内の巨大市場を基盤として、南方諸国（ＢＲＩＣＳ諸国など）と一体となって中国流の影響力を確立している。このような発展傾向により、もともとグローバリゼーションの列車に乗っていた他の国や地域、特に台湾や東南アジアの国々はグローバリゼーションの列車に乗り続けるべきか、それとも降りて半球化の列車に乗り換えるべきか、真剣に検討することとなった。

半球化列車の出発準備はできているか

２０１７年にスイスのダボスで開催された第47回「世界経済フォーラム」年次総会で、中国の習近平国家主席は開かれた世界経済を断固として発展させ、明確な立場で保護主義に反対しなければならないと強調した。「保護主義を実践することは暗い部屋に閉じ込められるようなものであり、風雨から守られているように見えるが、太陽光や空気からも遮断されている。貿易戦争がもたらすのは双方にとって損失しかない」。

その時点で英国は正式にＥＵ離脱の法的手続きを開始し、保護主義を掲げるトランプ氏は米大統領就任の準備を進めていた。グローバリゼーションと自由貿易を常に支持してきた英国と米国は保護主義路線に転じ、一方、権威主義的で保守的な大国と見なされている中国はグローバリゼーションと自由貿易体制の擁護を求めている。このときの習氏の演説は、グローバリゼーションを支持する中国とグローバリゼーションに反対する英国および米国の間で、２つの異なる思想グループの対立が形成されていることを示した。

２０２０年代に入ってからデカップリングという言葉が多く登場するようになったが、これは米国が中国抜きの新たな経済貿易体制を真剣に検討していることを意味する。当時、トランプ大統領は中国への依存を終わらせ、米国が世界の製造業超大国にならなければならないと公の場で何度も強調していた。米国のデカップリング理論に対して、ＥＵ諸国は中国との経済関係を考慮し、リスク回避という言葉を慎重に使っていた。

米国にとってデカップリングとは、厳しい経済政策によって中国の急速な発展を阻止する戦略的思考である。ＥＵ諸国にとってリスク回避は、中国に関連する産業チェーンの一部を別の地域に移転することで自国の経済安全保障を強化する戦略的手段である。中国に関しては引き続き国内循環を重視した経済戦略を推進しながら、国内と国際の二重循環による新たな発展パターンを推進する。

欧米諸国は中国への依存から脱却し、あるいは中国からのリスクを除去しようとしているが、これは世界経済を半球化に向けて動かす推進力となっている。一方で、国内需要と技術開発に目を向けるという中国の内循環戦略もまた、世界経済を半球化に向けて推し進めるけん引力となっている。両側からの押し引きの相互作用の下、半球化に向けた列車はすでに動き始めている。

2章　グローバリゼーションの列車に乗る東アジア諸国

グローバリゼーションを推進し、「東アジアの奇跡」を生み出す

20世紀初頭以降、国際政治の分野では地理上のリスクとして大陸国家と海洋国家間の競争を強調し、天然資源、港湾、国の位置など実際の地理的環境要因に焦点を当ててきた。これは、国家が戦略を立てるための理論的基礎となっていた。

しかし１９７０年代以降、地理上のリスクに関するいくつかの基本的な前提が劇的に変わり始めた。第1に、弾道ミサイルの技術開発は元の地理的環境の限界を打ち破り、地政学に新たなリスク要因をもたらした。第2に、経済のグローバル化の傾向と国家間の緊密な経済交流は徐々に軍事対立に取って代わり、国際政治の主要な問題となっている。第3に、国力を測る基準が国土、人口、天然資源、軍事力から、国の経済構造、科学技術の発展、財政力へと移行している。

地経学が主導し、競合同士も協力可能に

地理的な経済リスクが徐々に注目されるようになり、国の国際的地位はもはや武力ではなく、経済力や技術力を含む総合的な国力に依存するという「地経学（ｇｅｏｅｃｏｎｏｍｉｃｓ）」の概念が一部学者により提唱されるようになった。国家間の競争環境もこれまでの政治分野から経済分野に移行しており、国家間の競争モデルもこれまでの軍事主導の戦争型から国家政策による世界経済地図の占領型へと変化している。また、グローバル化の急速な進展により、これまで地政学的概念に基づいて分断されていた仮想敵国や競争相手も地経学の時代には緊密な貿易相手となる可能性もある。言い換えれば、地経学的概念の出現は国際政治の新時代の到来を意味する。国境や地域を超えた新たな時代においては、競争と協力が同時に存在し得る。

経済問題が国家間の競争、対立あるいは協力の主要分野となるとき、東アジアの経済発展は自然に国際舞台に躍り出ることになった。１９９３年、世界銀行は『東アジアの奇跡』と題した調査報告書を作成した。１９７０年代以降の東アジアの経済発展の成果を称賛し、日本、韓国、台湾、シンガポール、香港、タイ、マレーシア、インドネシアのデータを分析した。

東アジアの奇跡の形成と発展において、日本は重要な役割を果たしている。１９５０年

代以降、日本は朝鮮戦争後の地理的状況を把握し、欧米の技術や市場と日本のそれを積極的に統合する。政府を通じて市場資源を配分し、開放政策を主導し、輸出志向の戦略を策定した。これにより１９６０年後半、東アジア初の高度経済成長を実現した。日本のＧＤＰの世界ランキングは、１９５５年に34位だったが、１９６８年には2位へと急上昇した。

日本に続き「四小龍」が経済を軌道に乗せる

アジアの「四小龍」と呼ばれるシンガポール、韓国、台湾、香港の経済も１９６０年代に急速な発展期を迎えた。主な背景はベトナム戦争の勃発と日本の資金および技術だった。

韓国の経済発展を例に考えてみよう。１９６５年に日本と韓国が正式に国交を樹立した後、日本は韓国に5億米ドルの経済援助を提供した。韓国は日本の資本と技術の支援を受けて、ポスコ浦項製鉄所をはじめとする近代産業基盤を確立した。ベトナム戦争の勃発により、韓国は米国から総額10億米ドルを超える特別支援資金を受け取ることができ、これが「漢江の奇跡」の重要なきっかけとなった。

日本とアジアの四小龍はともに、土地、資源などの地理的要因が乏しい環境で驚くべき経済発展を遂げたが、これは近代経済史上まれな現象だ。経済学者はこうした東アジアの経済発展モデルを説明するために「雁行《がんこう》形態論」を使用する。第2次世界大戦後、東アジア諸国の経済発展は日本が主導し、次いでアジア四小龍、そしてインドネシア、マレーシア、タイ、フィリピンといったＡＳＥＡＮ（東南アジア諸国連合）諸国が続いた。日本は先頭の雁として、明確な国際分業システムの下で他の雁を同期飛行させた。

例えば戦後初期、日本は労働集約型の繊維産業を率先して発展させてきたが、技術が成熟し生産要素が変化すると、日本の繊維産業の競争力は弱まった。その後、アジア四小龍が日本から技術や産業移転を得て繊維産業を発展させ、日本の産業構造は技術集約型の家電産業へと高度化していった。同様に、アジア四小龍の産業構造も日本にならって高度化を進め、国際分業を逐次発展させていった。

中国経済が急成長し、続く東アジアの奇跡

この雁行開発モデルは商品生産における地域的および国際的な分業だけでなく、貿易、海外直接投資、技術移転などの分野も含まれる。これは日本の海外輸出市場を拡大する鍵であるだけでなく、日本が東アジアにおける経済貿易力を確立し、持続的な経済成長を遂げる上で重要なモデルとなる。このモデルが機能し続けたことで、東アジアの急速な発展とともに日本の経済貿易力と経済的影響力は増大し続けた。

1990年代になると、日本はバブル経済崩壊の影響を受け長期の発展停滞状態に陥った。一方、グローバル化の急速な進展と1978年の改革開放以来の中国の年率平均2桁近い経済成長は、東アジアの経済発展を直接押し上げてきた。

日本は今、経済不況に陥っているが、産業の変革と高度化を通じて製造業と先端技術の分野でまだ主導的な地位を占め続けている。21世紀に入り、日本と中国が東アジアの奇跡の経済をけん引する2本の矢となった。日本は先端技術を有する製造強国であり、中国は生産要素において優位性を有する製造大国である。

アジア経済の奇跡の裏で、東アジアの価値観が台頭

経済の奇跡は東アジアの地政学に2つの大きな影響をもたらした。1つは東アジアにおける国益の内容の変化だ。かつて東アジア諸国は地政学に基づき、自国の政治的利益を確保することで自国の経済的利益を守ることを主張していた。しかし、経済問題が大きな注目を集めると、経済協力は政治や安全保障の分野にも広がった。

もう1つは「東アジア的価値観」の台頭だ。東アジア諸国の経済の奇跡は、西洋の経済理論では十分に説明できない。資本、労働、技術などの経済理論の観点に加え、信仰体系、社会関係の類型や宗教習慣などの価値観も、経済発展を考える上での重要な鍵となる。

１９８０年代に議論され始めた東アジア的価値観では、キリスト教的倫理によって切り開かれた西洋型の資本主義と対比して、儒教によって形成されていることが提唱された。日本、韓国、台湾、シンガポール、香港を含む国々は等しくその影響を受けており、教育と家族の価値観を非常に重視し、勤勉で現実的な人生観を奨励し、経済発展に必要な質の高い労働力と資本を提供している。

１９９７年のアジア金融危機の際、経済発展における東アジア的価値観の役割に対して一時期にネガティブな評価が行われたが、２００８年に米国で始まった世界的な金融危機と中国経済の急速な発展により、東アジア的価値観が再び肯定的に評価されるようになった。

儒教と経済発展の関係については、現在でもさまざまな意見がある。賛成派は東アジアが儒教経済圏を形成していると主張するが、反対派は東アジアの経済奇跡を生み出した鍵は儒教ではなく、伝統的な閉鎖経済を市場経済に変えるための地理的機会をつかんだことだったと考えている。賛否両論の議論の中で、東アジア諸国は東アジアの経済発展モデルが西側諸国とは異なる独自の特殊性を持つことを認識することとなった。これに地経学の概念を組み合わせることで、東アジア諸国は経済共同体と地域経済統合のプロセスを促進するだけでなく、世界の経済発展にさらなる影響を与えている。

日本は経済成功を収めた東洋のスーパースター第1世代

第2次世界大戦後、日本は東アジアの経済発展のために技術、資本、近代的な企業経営の考え方を提供し、中国は競争力のある生産要素と広大な市場を提供した。日本と中国はさまざまな段階で重要な役割を果たしてきた。しかし、もともと地政学的に敵対関係にあった東アジア諸国は、どのようにして地経学的協力へと変化していったのだろうか。これは1960年代後半以降の日本の「海洋立国」と「関野構想」から見てとれる。

関野構想が描く日本の安全海域

第2次世界大戦後、日本は封じ込め政策、列島線戦略、日米の安全保障体制などの外部環境の影響を受けた。安定した経済発展環境を構築するには米国の保護の傘に頼らざるを得ず、自由民主主義海洋国家と共産主義大陸国家との対立に直面して、国の位置付けを再考する必要があった。

最も重要な進展の１つは、日本が世界最大の海洋国である米国と同盟を結び、米国の海洋国益の影響を受けて海洋立国の考え方に急速に転換したことである。例えば、日本はもともと戦前の経済貿易モデルを踏襲することを望んでおり、日中貿易が戦後世界から抜け出し、グローバル化し、持続可能な経済発展を達成するための鍵であると考えていた。しかし米国はこれに反対し、日本が東南アジアの自由主義諸国との貿易関係の発展を加速すべきだと提案していた。

１９７０年代に入ると、日本でも海洋国の利益を確保するための戦略を考えるようになった。代表的な議論の１つが、関野英夫氏の「関野構想」である。

関野氏は戦前、連合艦隊の参謀を務め、地政学的観点から九州、沖縄、フィリピン、ボルネオ島を西方線、伊豆諸島、小笠原諸島とマリアナ諸島を東方線として結ぶことを提唱した。東方線と西方線内の海域は日本が確保すべき安全海域であり、敵国の攻撃を防ぐため、海上自衛隊は護衛艦、対潜機、潜水艦から成る対潜部隊を保有し、敵対国が日本の貿易ルートを妨害するのを防ぐ必要がある。

日本が米国の軍事力に依存した冷戦時代、貿易安全保障を確保するために日本の海上防衛力を強化するという関野構想は日本政府内で多くの議論を引き起こした。

「島国思考」を捨て、開かれた海洋国へ

関野構想は当初、冷戦時代の旧ソ連（ロシア）の脅威に対応し、その脅威下で日本の経済発展の生命線を確保することを目的としていた。しかし、旧ソ連の崩壊と経済のグローバル化の流れを受けて、国家間の交流においては、従来の軍事的競争に加えて経済レベルでの相互依存と競争が常態化した。

地経学の概念が台頭し、特定の地域範囲内で経済的手段を通じて国益をどのように追求していくのか。日本について言えば、エネルギーの共同開発、資源とエネルギーの安定供給、自由貿易体制の維持、産業サプライチェーンの主導、地域経済貿易機関への参加などが含まれる。

日本が強調する海洋国家に関する議論では、日本は島国思考を捨て、自らを開かれた海洋国であると考え、オープンで冒険的な精神で海洋資源の開発・利用を行い、自由貿易体制と海上航路を国家の主要な核心利益とすべきと主張する。１９８０年代に始まった急速なグローバル化とその後のアジア太平洋地域の経済統合の流れと相まって、これは日本が海洋国益を構築するもう１つの重要な原動力となっている。

日本の地理的戦略と世界規模の経済統合

海洋国家である日本には、地経学的考え方において４つの重要なポイントがある。

第１が資源の安定的な供給と利用だ。日本は島国であるため、産業発展に必要な天然資源が不足している。石油を例に挙げると、日本は石油の安定供給と利用を図るため、関連するエネルギーの輸送、開発、保存に古くから注目してきた。

輸送レベルでは、日本は石油の主要供給源であるペルシャ湾とマラッカ海峡、バシー海峡を通る日本への海上輸送路を国の生命線と見なしている。開発レベルでは、日本は経済産業省所管の独立行政法人エネルギー・金属鉱物資源機構（ＪＯＧＭＥＣ）を通じて国内関連企業による海外石油探査プロジェクトを支援している。貯蔵レベルでは、第２次石油危機に対応して１９７８年に国家の戦時対応石油備蓄メカニズムが発足した。戦時対応石油備蓄量は１９７８年の７日分から、２０２１年には２３５日分（国家予備は１４５日分、民間予備は90日分）に増加した。

第２が世界的な自由貿易体制の維持だ。日本は貿易立国であるため、自国にとって有益な戦後の自由貿易体制を維持することもまた、その地経学的戦略の目標の１つとなっている。国際的な経済貿易環境の規制に参加して主導し、企業が国際市場を開拓して有利な立場を獲得できるように支援することは、日本の経済貿易政策の優先事項の１つである。

現在、日本は主に主要7カ国首脳会議（Ｇ7サミット）、経済協力開発機構（ＯＥＣＤ）、主要工業国20カ国・地域首脳会議（Ｇ20サミット）などの国際メカニズムを活用し、オープンで自由、公正、透明で予測可能な経済とリスクのない貿易および投資環境の構築に取り組んでいる。また、自由貿易体制の安定を重視する日本にとって、金融市場やインターネットの安全性も重要な課題となっており、特に日本円は米ドルやユーロに次ぐ有用な国際通貨とされてきた。日本は円と為替レートの国際化、および国際金融市場における役割を非常に重視している。

第3が東アジアの地域経済統合に参加し、これを主導することだ。１９８０年代に始まったグローバリゼーションの急速な発展によりＷＴＯが発足したが、東アジアでは１９９７年のアジア金融危機後、二国間および多国間の経済貿易相互援助同盟、すなわち自由貿易協定（ＦＴＡ）と地域経済統合が進んだ。

ＡＳＥＡＮは経済制度の調整・協力とＡＳＥＡＮ自由貿易地域（ＡＦＴＡ）を推進している。その後、近隣諸国や重要な経済貿易相手国との経済貿易関係を維持・強化するため、日本もＡＳＥＡＮ諸国とＦＴＡを締結し「ＡＳＥＡＮ＋３」に基づくＡＦＴＡを発足させた。その後、日本はグローバル化時代における経済貿易ネットワークを構築するため、インド、オーストラリアなどと積極的に経済連携協定を締結した。日本が参加する経済連携協定（ＥＰＡ）には東アジアの地域的な包括的経済連携（ＲＣＥＰ）、包括的・先進的環太平洋経済連携協定（ＣＰＴＰＰ）などがある。

第４が主要産業のサプライチェーンの強化だ。日本が創り出した経済奇跡の重要な背景の１つに、日本企業が東アジアの製造業の主要なサプライチェーンを支配していることがある。しかし、グローバル化の流れや中国・韓国の製造業の躍進などにより、半導体、電気自動車（ＥＶ）用電池、医薬品、レアアースなど特定の重要素材の供給が徐々に脆弱になっている。この点に関して日本政府は、ＴＳＭＣが日本に半導体製造工場を設立するための補助金の提供、主要材料や部品の国内生産比率の拡大、経済貿易相手国との提携などの政策を採用してきた。例えば日本、米国、韓国、台湾は半導体サプライチェーンを強化し、安全性を確保するための「チップ４連合」を形成している。

アベノミクス推進者、「美しい島」を創る

戦後日本の首相を最も長く務めた安倍晋三氏は、バブル経済以来の苦境から抜け出すために、アベノミクスと呼ばれる一連の政策を提案した。これには金融緩和政策を利用して市場に資金を供給すること、柔軟な金融政策を利用して市場の需要を創出すること、経済成長戦略を利用して世界市場とつながること、が含まれていた。

２００７年に出版した著書『美しい国へ』（文藝春秋）で安倍氏は、美しい国という概

念の下、活力と機会と寛容に満ちた、世界に開かれた海洋貿易を目指して進むべきだと述べている。

安全保障圏と経済圏の間にある重複と摩擦

日本にはギャンブルと娯楽の中間にある国民的娯楽、「小さな鋼球」とも呼ばれるパチンコがある。日本生産性本部の『レジャー白書』によると、最盛期には全国に1万８０００店以上の店舗があり、遊技人口は２８００万人を超え、年間生産額は25兆円に達した。

２０２０年代にはパチンコ店舗数は９０００店、遊技人口は１０００万人、生産額は14兆円にまで減少した。しかし同時期の日本の外食産業の市場規模は25兆円（日本フードサービス協会推計）、コンビニの市場規模は11兆円、家電業界とアパレル業界の市場規模はそれぞれ7兆円であり、パチンコが依然として大きな産業であることが分かる（業界団体調べ）。

この驚くべき数字の裏には、日本人のギャンブル依存症への懸念のほかに別の懸念も隠されている。溝口敦氏の『パチンコ「30兆円の闇」』（小学館）によれば、日本のパチンコ産業は主に在日韓国人・北朝鮮人が担っているとされるのに対し、お金を使っているのは日本人であるということだ。そして、このお金の一部が北朝鮮に送られ、核兵器の開発などに使われてきたという報道もある。

　これは台湾のビジネスパーソンと中国との関係を思い出させる。中国の改革開放以降、台湾は資本と技術を大挙して中国に移転した。台湾経済部の統計によると１９９１年から２００８年までに総額約７５５億米ドルが中国に投資された。中国の統計によれば、直接中国に流入する、あるいは香港経由で中国市場に参入する海外投資を加えると、台湾の対中投資額は２０００億米ドルを超える。

　台湾の資金は中国の急速な経済成長を支援し、中国を世界第2位の経済大国にした。これにより中国は先進的な武器や装備品を開発、生産するための十分な資本予算を得ることができた。しかし、これらの武器や装備は中国が現状変更を試み、武力による台湾侵略を諦めないための有効な手段となっている。

地政学と経済学の競合関係

　冷戦時代の地政学的な列島線防衛であれ、１９９０年代以降の東アジアの地経学的変化であれ、日本と台湾は重要な役割を果たしてきた。日本は日米安保体制を通じて地政学的な役割を果たすことに加えて、アジア最大の経済大国でもあり（２０１０年に中国に追い抜かれた）、主要な先進製造国としてその地経学的な役割を果たしている。

台湾は重要な地理的位置から第一列島線の「不沈空母」として知られており、１９９０年以降、西側の中国と協調する一方、北側の日本と連携し、東南アジアへの積極進出というアジア太平洋戦略を提出した。そして、地政学的思考の延長線上で「アジア太平洋金融センター」や「アジア太平洋地域運営センター」などの構想を進めてきた。

近年、東アジアの経済圏は軍事、経済、貿易の発展における中国のリスクと脅威、さらには米中対立などの不確実要因により、ますます緊迫化している。そして台湾や日本を含む東アジア諸国は、地政学と地経学の競合関係を練り直しつつある。

実際、冷戦時代には地政学に代表される安全保障圏と地経学に代表される経済圏は別の分野だった。米国が率いる自由民主主義陣営は対共産圏輸出統制委員会（ＣＯＣＯＭ）を設立し、旧ソ連が率いる共産主義諸国に貿易制限と禁輸措置を課していた。つまり、米国とソ連の両陣営は軍事的に対立するだけでなく、経済的にも接点がなかったのである。

その後のグローバル化の進展、中国の改革開放、東欧諸国の民主化、ソ連の崩壊などに伴い、安全保障問題で共通の利益を有する国であっても、１９８０年代の日米関係のような深刻な貿易摩擦が発生し始めた。対照的に、安全保障問題で対立する国々は２０１０年以降の米中関係など、互いに緊密な通商関係を発展させてきた。言い換えれば、地政学的

図表2-2-1 世界の半導体企業の市場シェア比較

ランキング	1987年	2021年
1	NEC	サムスン電子
2	東芝	インテル
3	日立製作所	TSMC
4	モトローラ	SKハイニックス
5	テキサス・インスツルメンツ	マイクロンテクノロジー
6	富士通	クアルコム
7	フィリップス	エヌビディア
8	ナショナル・セミコンダクター	ブロードコム
9	三菱電機	メディアテック
10	インテル	テキサス・インスツルメンツ

出典：Gartner Dataquest、IC Insights 調査リポート

安全保障圏と地経学的経済圏は重なり合い、摩擦する段階に入っている。

安全保障問題で同じ立場の日米が半導体摩擦

まず、１９８０年代後半から激化し始めた日米半導体摩擦を見てみよう。当時、日本の半導体産業は急成長を遂げ、世界トップ10の半導体メーカーのうち５社が日本企業で、ＮＥＣは半導体産業のリーディングカンパニーだった。

半導体技術は防衛産業に直接的な影響を与える。米国は日本がソ連の手に落ち、世界のパワーバランスが変わることを懸念していた。そのため、米国国防総省が参加する国防高等研究計画

局（ＤＡＲＰＡ）は、日本の半導体技術の発展を潜在的な競争上の脅威と見なした。盛田昭夫氏、石原慎太郎氏の共著『「ＮＯ」と言える日本』（光文社）では、日本が米国との交渉において、技術競争力を交渉材料にできると主張している。

　米国と日本は共産圏に対抗するという共通の利益を持っていたにもかかわらず、日本は米国からの圧力を受けて、１９８６年９月に日米半導体協定に署名した。米国はこの勝利に基づいて、知的財産権を保護するための「スーパー３０１条」を追加した包括通商法を１９８８年に可決した。

　それ以降、日本の半導体企業は事業戦略を変更し、半導体チップの生産を段階的に廃止し、台湾と韓国のメーカーに頼るようになった。日本の半導体サプライチェーンのその他のメーカーは材料と装置に重点を置くようになった。台湾と韓国はこの流れに乗り、２０１０年代以降、世界の主要な半導体チップ生産地となった（**図表２－２－１**）。

米中貿易摩擦で基幹技術が戦場に

　２０１０年以降の米中関係を見てみよう。米国と中国は１９７９年に正式に国交を樹立して以降、世界戦略および地域戦略、連合国やその他の多国間組織の問題などについて相互に対話を開始した。米国にとって、ソ連と戦うためには改革開放を進める中国を取り込むことが地理的戦略の利益に合致する。中国にとっては、西側諸国との対話を通じて安定した国際環境を構築することは改革開放推進の必要条件だった。

ソ連崩壊後、米国は世界で唯一の超大国となったが、中国はグローバル化の流れと平和の恩恵により急速に大国に成長した。両国間には人権や地域の安全保障などを含め、依然として意見の相違があるものの、重要な貿易相手国であり、テロ対策や核不拡散といった重要な国際問題の利害関係者でもある。

経済の急成長に伴い、中国は外交的・経済的影響力を拡大するため２０１３年に「一帯一路」構想を提唱し、「シルクロード経済ベルト」や「21世紀の海上シルクロード」を主導することで、世界情勢においてより重要な指導的役割を果たそうとしている。

しかし同時に、米国と中国の間の地政学的・地経学的競争が激化していた。米国は中国の動きが米国の世界的利益に徐々に損害を与えていると考え始め、これが２０１８年の米中貿易摩擦の背景となった。当時、中国と米国は世界貿易額で第1位と第2位にランクされており、米中の二国間貿易額は６６００億米ドルにも達していた。

米中貿易摩擦において、米国は自国の利益を損なう経済政策について中国を非難し、対中輸出入規制を拡大し、強固なサプライチェーンを確立した。中国はイノベーションを強化し、米国市場への依存を減らし、ＡＳＥＡＮ諸国やＥＵとの経済・貿易関係を発展させた。

２０２０年以降、米国は国家安全保障上の理由から中国テクノロジー企業に厳格な技術禁輸措置を発動し、半導体材料や装置に対する規制をますます厳しくした。ハイテク産業やハイテクサプライチェーンを巻き込んだ米中貿易摩擦は、米中が対立する「新冷戦」の始まりとなった。

伝統的な冷戦と比較すると、新冷戦は米中の緊密な経済・貿易関係がある中での対立である点が異なる。米国とその同盟国は共同で主要技術を制御することで、中国の政治経済発展モデルに対抗している。

現実主義と自由主義に代わる第3の選択肢は

米中の新冷戦は、近隣地域の国々を対立に直接引き込んだ。その中で、米国と軍事同盟を結び中国と経済・貿易関係が緊密な日本は米国、中国に次ぐ重要な国となっている。

国土が狭く人口密集し、天然資源に乏しい日本にとって、経済的利益と国家発展を確保する上で、広大な市場と豊富な天然資源を有する中国は優先すべき国となる。日本は戦後民主主義陣営に属していたが、１９５２年以降、中国との経済貿易接触を何度も試み、１９６２年には日中長期総合貿易に関する覚書（ＬＴ協定）を締結した。

１９７８年、中国は改革開放の道を確立し、翌年に日本は中国への政府開発援助（ＯＤＡ）を開始したことで、中国への投資の波が起きた。中国と日本の間の貿易総額は１９７８年の48億２０００万米ドルから、１９８１年に１００億米ドル、１９９０年には２００億米ドルに達した。

21世紀に入ってから、日中両国は歴史認識、領土主権、地政学的安全保障などの面で多くの摩擦や対立を抱えているにもかかわらず、二国間貿易の発展速度には影響を与えていない。中国と日本の間の貿易総額は２００２年、２００６年、２０１１年にそれぞれ１０００億米ドル、２０００億米ドル、３０００億米ドルの水準を超えた。中国は２０１０年には日本を追い抜き、世界第2位の経済大国となった。

西洋の現実主義と自由主義の基礎

中国の外交戦略の観点から、東アジアで最も重要なことは日本との協力関係である。また、日本が地政学、地経学を考える上で中国は最も重要な対象国である。

戦後初期において、東アジアにおける日本の地政学は日本国憲法の規範と国内の反戦思想によって制限されており、リアリズム（現実主義）に関わる安全保障体制では日米安保体制と米国のアジア太平洋戦略に依存していた。一方、リベラリズム（自由主義）に関連する経済問題については自由貿易体制と東アジア諸国の市場に依存していた。したがって、当時の日中関係の発展には現実主義の概念に基づく戦略と自由主義の概念に基づく内容の両方の側面があった。

一般に、現実主義は地政学の基礎であり、ニッコロ・マキャベリやトマス・ホッブズから受け継がれた人間関係と権力に関する分析的な考え方だ。国際関係も本能と自然の力の法則によって支配されているとする。したがって、現実主義は国際システムが主権国家を主体とする無政府状態であり、国家は最終的に自国の安全と生存を確保するために力（武力）に依存すると主張する。

一方で、地経学の基礎は自由主義であり、ジョン・ロックやシャルル・ド・モンテスキューから受け継いだ合理性と自由の概念に基づく。国家の武力紛争における戦争行動は国際システムの失敗の結果であり、それを解決する必要があり、そもそも解決できる問題であるとの立場を取る。つまり、国際制度、国際組織、国際法、国際規範の構築と改善を行うことで、各国は戦争に陥る危機を回避することができるとする。

東洋の理想主義と現実主義を照合

東洋哲学の観点から見ると、現実主義と自由主義の違いは通常、世俗的な現実主義と理

図表2-2-2　国際政治思想と戦争観

	リアリズム（現実主義）	リベラリズム（自由主義）
核心となる概念	権力政治 利己主義	相互利益 国際協力
戦争観	抑止力 パワーバランス	民主和平 国際組織の和平
戦争の可能性	△	×

想主義の間の思索の中で提示される。

中国哲学を例に挙げてみよう。孔子は『礼記』の礼運篇で、世界は共通の利益のためにあるという調和のとれた世界の理想を提唱した。孟子は梁の恵王に、利益について語ることを避け、仁義について語るように求めた。この箇所の原文は「なぜ王は日々の利益を得る必要があるのか。王には仁義あるのみだ」である。管仲は諸侯（国家）以上に支配することを主張し、鬼谷子学派は合従連衡という巧みさのある外交戦略を重視した。

効率性、功利、行動を重視する法学者の視点は、現実主義的な考え方となる。中国哲学の理想主義は、儒教が世俗的な生活と日常の倫理を過度に重視するため、ある程度損なわれることになる。例えば、ユートピアの大同世界を実現するのは非常に困難だが、適度に豊かな世界は許容される。中国哲学における現実主義は、戦略と権力における実際的な有効性により、長い間中国政治の発展を支配してきた。

現実主義か、それとも自由主義か

さらに、現実主義の中核概念は権力政治と利己主義であり、国際政治の環境ではこれを危険であると認識する。各国が自国の利益を最大化しようとする動機の下では、国際社会において戦争が起こる可能性が高く、国の権益を確保するには武力が最も有効な手段となる。そのため、各国は戦争の発生を防ぐために、自国の軍備を強化して抑止効果を発揮するだけでなく、パワーバランスを通じて他国と同盟を結ぶことで安全を確保しようとする。なぜなら、敵対的な同盟間で力の均衡が保たれている場合、通常、戦争のコストが利益を上回り、各国が戦争を始めるインセンティブが大幅に減少するからだ。

西側諸国の歴史の中で、英国はヨーロッパ大陸の力を抑制し均衡を保つために、他国を団結させる勢力均衡戦略を繰り返し利用してきた。19世紀初頭、ロシア、オーストリア、プロイセン、スウェーデンなどと協力し、ナポレオン率いるフランスに対抗した。ちなみに、東洋史では中国の戦国時代、強大な秦国と対峙するために、他の6カ国は安全保障を確保するための合従政策による同盟を結んでいる。

リベラリズムの核となる概念は相互利益と国際協力に基づいている。国家間に共通の利益があり、安定した国際秩序を維持することは国際社会の構成員の総意となる。自由貿易体制は国際協力を強化し、共通の利益を創出し、戦争紛争を軽減する最も重要な手段である。各国と一般の人々が自由貿易の恩恵を享受すれば、戦争の可能性は最小限に抑えられる。

民主和平論では、民主主義国家は価値観や世論の影響を受け、互いに武力を行使しないものとする。貿易和平論は国家間の経済および貿易の相互依存によって、各国が戦争よりも相互利益を選択することを奨励する。国際組織の和平論では、国際組織への参加が国家間の協力と国際平和の維持に有益であると強調する（図表2－2－2）。

戦争と平和を前に日本は何をするのか

日本において江戸幕府末期、西洋列強による安全保障の脅威に直面したとき、現実主義を採用するか自由主義を採用するかについて議論があった。現実主義を主張した代表的人物は幕末の軍事思想家である佐久間象山で、「武力なき王などいるのか」「国力第一」との思想を唱え、日本の軍事力が安全保障の防壁となっていると強調した。

一方、自由主義の代表的人物である幕末の啓蒙思想家、横井小楠は自由貿易を「天地の法則」と考えた。自由貿易は国民生活の問題であるだけでなく、政治問題でもあり、日本が欧米諸国と平和に暮らしていくための課題であるとした。

現実主義と自由主義の概念を理解することで、東アジアの地政学と地経学、および主要国間の相互作用について別の視点を提供することができる。

戦後制定された日本国憲法第9条第1項には、「日本国民は、正義と秩序を基調とする国際平和を誠実に希求し、国権の発動たる戦争と、武力による威嚇又は武力の行使は、国際紛争を解決する手段としては、永久にこれを放棄する」と明記されている。国際紛争を解決する手段について、第9条第2項は「前項の目的を達するため、陸海空軍その他の戦力は、これを保持しない。国の交戦権は、これを認めない」としている。

日本は平和憲法の枠組みの下、安全保障と国家発展の観点から防衛重視の戦略を採用している。平和的経済拡大を掲げ、米国の資金、日本の技術と東南アジアの資源を支点としてアジア太平洋地域における「経済の鉄のトライアングル」の構築を推し進めている。

「消極的現実主義」が最善の解決策か

戦後日本の地政学を現実主義の観点から分析すべきか、それとも自由主義の観点から分析すべきかが常に対立する研究アプローチとなっていた。これに関して、米国の日本研究家であるマイケル・グリーン氏は「消極的現実主義」という概念を提唱した。

この消極的現実主義は戦争に対する日本国民の反発、日本の軍備強化に対する近隣諸国の疑念、日本政府の国益の追求などの要因によって制約された妥協の産物である。一般に、日本の地政学は増大し続ける安全保障上の脅威（中国の軍事力増強や北朝鮮の弾道ミサイルなど）、武力行使の制限（平和憲法と国民の反戦思想）、安全保障上の利益と経済的利益の相互排除（日中経済のリスクと利益）など、日本が置かれている特殊な状況を反映している。

見方を変えると、冷戦体制下の日本は東アジアの経済発展を主導する一方で、米国の防衛力の支援を受けてきた。中国の台頭は政治、外交、経済、科学技術、国防安全保障のあらゆる面で日本に安全保障上の脅威を感じさせている。特に地政学、地経学の分野において、日本と中国は協力的な立場から徐々に敵対的な立場へと移行してきている。

この発展の道筋は隣国の韓国や台湾にとっても、いくつかの類似点がある。地理的には、韓国は長年アジア大陸列強の脅威にさらされており、台湾は戦後の政治的分断により外交的・軍事的困難に直面している。韓国と台湾はどちらも東アジアの奇跡を代表する存在だが、日本と同様、中国の台頭によってもたらされる安全保障上の利益と経済上の利益の相互排除というジレンマに対処しなければならない。

3章　三位一体の新たな地理的観点

台湾有事に米国と日本は救助の手を差し伸べるか？

日本の安倍元首相が「台湾有事は日本有事であり、日米同盟の有事でもある」と発言した後すぐに、日本でも海峡両岸問題が激しく議論されるようになった。この発言が２０２１年12月に行われて以来、議論が続いている。もともと米中関係の政治的基盤であった台湾問題は、日本の国家安全保障に影響を及ぼす重要な問題となっている。

さらに、台湾問題は東アジア地域安全保障の最初のドミノである。ひとたび台湾ドミノが崩れれば、東アジアで連鎖反応を引き起こし、日米の安全保障体制とインド太平洋地域の平和と安定が危険にさらされることは必至である。

現代の日本にとって台湾の独特な地理的位置は、中国の海洋進出を封じ込め、東アジアの安全保障状況を安定化させる上で地政学的に極めて重要となっている。そして台湾は中国、米国、日本の利益の交差点でもある。領土と主権の統一を主張する中国と、平和と現状維持を主張する日米の台湾問題を巡る対立は、東アジアと国際社会の情勢に影響を及ぼす重大な要因となっている。

冷戦時代の脇役だった日本が東アジア安全保障の主役に

冷戦時代、日本は平和憲法の制限を受けて、日本の領土に関わる地理的境界線を重視し、琉球諸島、小笠原諸島、南千島列島（北方四島）の領土回復に尽力した。台湾やフィリピンなど第一列島線の他の諸島については、地政学的価値は重要ではあるが、せいぜい日米の安全保障体制にとっての懸念事項にすぎなかった。第二列島線（グアムとオーストラリア、ニュージーランドを結ぶ）と第三列島線（グアムとオセアニアの島嶼国を結ぶ）は、日本からは、米国の国益にのみ関係する地域と見えていた。

しかし、２０２０年代に中国の海洋軍事力が急速に高まり、米中対立が激化すると、太平洋列島線は新たな競争の場となった。こうした中、日本は海洋防衛力向上を継続するとともに、海洋安全保障問題にも積極的に取り組み始めている。

第一列島線と第二列島線は日本の重要な国益となっている。前者は日本の安全保障に密接に関係する主権線であり、後者は日本の国家発展に関わる利益線であると考えられる。日米安全保障体制のグローバル化により、南太平洋の第三列島線は日本にとって大きな懸念事項となっている。

特に台湾の問題については、台湾は日本のシーレーンの中心に位置しており、地政学的な観点から言えば、台湾が有事になれば当然日本でも有事になる。さらに、台湾はインド太平洋自由貿易圏における日本の重要な経済パートナーであり、両国は長年にわたり緊密な経済貿易関係を維持している。例えば、２０２１年時点で台湾は日本の第3位の貿易相手国であり、対台湾黒字は２６９億米ドルだった。

さらに、中国がレッドサプライチェーンの構築を始めて以来、台湾の情報通信技術（ＩＣＴ）と半導体産業の製造能力は日本の経済安全保障戦略の実行に不可欠な部分となっている。麻生太郎首相時代の「自由と繁栄の弧」であれ、安倍首相時代の「自由で開かれたインド太平洋」であれ、共通の価値観を共有する台湾は日本にとって海洋民主主義諸国との協力の鍵と見なされている。

台湾有事に関して異なる台湾人と日本人の考え方

これまで日本の主流メディアの台湾に関する報道のほとんどは、産業交流と4年に1度の総統選挙に焦点を当てていた。日本人の台湾に対する理解は「親日的」「日本統治時代の建築が保存されている」「食べ物がおいしい」といった印象にとどまっている。日本のメディアが台湾情勢の進展や半導体サプライチェーン断絶を大々的に報じると、人々は台湾海峡情勢の変化が米中だけの問題ではなく、日本の問題であることを認識し始めた。

「台湾有事は即、日本有事になる」という指摘により、日本国民の危機意識はかつてないほど高まっている。日本政府が長距離弾道ミサイルの配備や反撃能力の導入、防衛費の対GDP比2%への上限引き上げ、防衛装備移転三原則の見直しなどの大幅な変更を含む対応戦略を提示しているが、日本国内の世論からの反発はあまり受けていない。

日本の共同通信社が2023年5月に実施した世論調査によると、日本人の89%が中国の台湾軍事侵攻が台湾有事につながると懸念している。しかし、日本国民の74%が自衛隊と米軍の台湾派兵に反対し、賛同したのはわずか22%だという調査結果もある。こちらの調査は、日本の新聞通信調査会が2022年11月に発表した。

対照的に、台湾民意基金会が2022年8月に実施した世論調査によると、台湾国民の60%が、台湾が危機に陥った場合に日本が必要な援助を提供すると信じているのに対し、米国が援助を提供すると考える人は44・1%にとどまった。台湾有事に対する日本と台湾の認識にこれほど大きな差があるのはなぜだろうか。

有事＝中国語では「危機」、日本語では「戦争」

世論調査が示すように、台湾人の6割は日本が助けに来ると信じているが、日本人の7

割以上が介入に反対している。その主な理由の1つは、日本人の有事の定義と台湾人の有事の理解が根本的に異なるということだ。

有事という言葉は中国語でも日本語でも同じ漢字で表現される。しかし、具体的な意味としては、日本における台湾有事は台湾が戦争・武力紛争状態に「陥った」ことを意味する。台湾における台湾有事は、台湾が危機的状況に陥り、戦争や武力紛争が「発生する可能性が極めて高い」状態を意味する。したがって、「台湾有事」に対して、日本人の多くは台湾海峡の紛争や戦争に巻き込まれたくないと考えている一方、台湾人の多くは危機的な状況では日本が助けに来てくれることを期待している。

世論調査の結果は、日本人の大多数が台湾の問題への介入に反対していることを示しており、日本は台湾有事への対応を躊躇《ちゅうちょ》する可能性がある。実際、中国が台湾への武力侵攻を決定し、台湾に戦争の危機が迫った場合、日本はどのような政策と手段で対応しなければならないのだろうか。この質問についてＣｈａｔＧＰＴに日本語で尋ねたところ、次のように答えた。

第1に、対話と接触は外交ルートを通じて行うべきである。日本は台湾有事の際には、関係国や国際機関との対話を通じて情報交換や意見調整を行い、国際社会との外交協力を強化する。平和的解決を促進するには、外交ルートを活用することが重要だ。

第2に、平和と安全を強化し維持する。安全保障協力の一環として、日本は台湾有事に対処するために防衛措置を講じる可能性がある。自衛隊の派遣、軍事協力、情報共有を通じて台湾の安全を支え、地域の安定を維持することになる。

第3は、国際機関との協力だ。日本は国際社会と連携し、台湾有事の解決に全力で取り組む。関係国や国際機関は協力し、国際的な圧力と外交手段を用いて情勢の安定化を図る。

第4に、人道支援を提供する。台湾有事において人道危機が生じた場合、日本は人道支援を行う可能性がある。これには食料や医療品の提供、難民の受け入れなどが含まれる。

第5は、国内外の情報発信となる。日本政府は事態の推移や対応策などについて、国内外に適切に情報発信する。透明性を保ちながら国民や国際社会に適切な情報を提供することが重要となる。

日本が台湾を支援する際の3つの問題

ここで強調しなければならないのは、ＣｈａｔＧＰＴが提供する対応戦略には実際の日本にとって独自の障害と困難があるということだ。

第1に、日本の外交調停能力である。日本が現在参加している重要な国際メカニズムには、地政学に関連した主要7カ国首脳会議（Ｇ7サミット）、地経学に関連した経済協力開発機構（ＯＥＣＤ）、20カ国・地域首脳会議（Ｇ20サミット）、インド太平洋経済枠組み

（ＩＰＥＦ）、包括的・先進的環太平洋経済連携協定（ＣＰＴＰＰ）などが挙げられる。日本が大きな発言力と影響力を持つＣＰＴＰＰを除いて、残りは米国と欧州諸国によって支配されている。

　また、日台間の安全保障協力の実現可能性の問題もある。自衛隊が単独で介入するにしろ、米軍と共同で介入するにしろ、国民の反発に遭うだけでなく、憲法第９条に直接違反する可能性もある。また、日本が中国の反撃に耐え得る能力を備えているかどうかも、考慮しなければならない前提条件となる。

　最後に、国際機関の役割も考慮する必要がある。現在、国際平和を維持するための最も重要な国際機関は国際連合（国連）だ。安全保障理事会の常任理事国が戦争を開始または戦争に参加すると、国連の平和維持機能は制限されることになる。台湾有事になれば、常任理事国である中国が拒否権を持っているため、国連は平和維持機能を果たせなくなる。

　台湾にとって、有事の際の対応戦略においては、自衛力の強化に加え、日米の安全保障体制といかに効果的に連携するかが最も重要となる。台湾側は、日本が台湾情勢に細心の注意を払っているとはいえ、台湾有事に対応する現在の手段が比較的限られていることを理解する必要がある。近い将来、台湾はブロックを積み上げながら、地域の安全保障に関わる事項について日本との交流経験を蓄積していくことで、台湾有事の可能性を共同で減らすことができるだろう。

地政学リスクが顕在化する中での日本と台湾の関係

日本の地理的戦略における台湾の重要性を理解し、「台湾有事は日本の有事」とする背景と、日本が考え得る対応戦略、そして現在直面している問題が明確になったところで、日台二国間関係を議論する際、日本は台湾に対してどのような地理的戦略価値を持っているのだろうか。

地理的リスクにおいて、台湾に対する日本の戦略的価値は、政治、経済、外交、国防のレベルから議論することができる。

日本は台湾と政治的に友好で、経済的にも相互に支援している

まずは政治レベルで、日本の国内政治の動向が台湾に与える影響を見てみよう。現在の日本の野党の支持率は継続して低く、自民党による長期政権が続いている。台湾にとっては、台湾寄りである自民党が政権を維持し続けることは利益となる。

米国に比べて、台湾の内政に対する日本の直接的な影響は明らかではない。しかし、政

党や議会外交、緊密な日台民間交流、企業ネットワークやその他のメディアを通じて、日本は台湾の政治発展に間接的に影響を与えることができる。例えば、毎年党の議員を率いて台湾を訪問する自民党青年局長は、自民党と台湾の公式交流窓口である。青年局長という役職は自民党にとって重要なキャリアであり、麻生太郎氏、安倍晋三氏、岸田文雄氏などの政治家は皆これを務めている。

経済レベルで見ると、現在のインド太平洋地域の経済貿易発展の枠組みは、日米の「自由で開かれたインド太平洋」と中国の「一帯一路」との競合関係である。台湾はＣＰＴＰＰへの参加意欲が高いが、中国からのプレッシャーもある中で、ＣＰＴＰＰを主導する日本がどう決断するかが台湾参加の鍵を握っている。また、半導体を含む情報通信産業における主要な化学材料、生産設備、技術のほとんどは日本のメーカーから提供されている。したがって、日本は台湾のハイテク産業の発展において重要な役割を果たしている。

台湾が経済的に中国に過度に依存するリスクを分散するために、東南アジア諸国との経済・貿易協力を深める南向政策を打ち出したことは注目に値する。しかし、ＡＳＥＡＮ諸国であれインドであれ、日本の政府と企業は良好な基本的なネットワークを構築している。東南アジアにおける華僑企業と日本企業とのネットワークを確立し、日台経済貿易協力の経験を活用することは、台湾の南向政策を推進する上で重要な戦略的価値を持つ。

軍事外交から民主的なサプライチェーンに至る緊密なつながり

外交と安全保障レベルでは、台湾にとって日本の戦略的価値は主に安全保障である。日米同盟に基づく日米安保体制は東アジア、さらにはアジア太平洋、インド太平洋地域の安定をもたらす公共財と見なされている。

日米安保体制の下で、かつては弾道ミサイル防衛、海上交通防衛、離島防衛は米太平洋軍司令部（現在はインド太平洋軍司令部と改名）が主導していた。しかし、日本の集団的自衛権を限定的に容認し、「台湾有事は日本有事」という議論が広がるにつれ、日本は地域防衛問題で徐々に重要な役割を担うようになってきた。

米国は日米安保体制と台湾関係法を通じて台湾海峡の安定を維持している。過去10年間、台湾と日本は海峡を越えた交流において一定の役割を果たしてきた。これはまた、台湾と日本の間の緊密な交流が両岸関係において一定の影響力を得てきたことを意味する。台湾と日本にとって、中国リスクの高まりとインド太平洋地域の経済統合が徐々に深まりつつある中、日本主導のＣＰＴＰＰと経済安全保障戦略は将来の経済規範を確立するための重要なプラットフォームであり、台湾も積極的に参加したい重要な国際舞台となる。

特に、台湾の技術研究開発能力と強力なＩＴ産業製造能力は、精密技術の開発と強力なサプライチェーン構築において日本の最良のパートナーとなっている。２０２０年の台湾と日本の二国間貿易総額は６９２億８０００万米ドルに達した。主に製造面での技術協力が中心で、台湾の地域経済統合への参加に対しての日本からの具体的な支援は得られなかった。

　現在、米中貿易戦争と技術冷戦という国際政治経済環境の中で、台湾と日本の経済貿易関係を含む国家間の経済・貿易・技術協力関係は、ハイテクサプライチェーンにまで拡大している。例えば、２０２１年に米国と台湾が開催した経済繁栄パートナーシップ対話（ＥＰＰＤ）では、サプライチェーンの強靱性、経済的脅威、デジタル経済と５Ｇ（第５世代移動通信システム）ネットワークのセキュリティー、科学、技術に関する議題などが焦点となった。

　日本の半導体戦略にはその計画段階において、研究開発技術協力やサプライチェーン再編など日台間の多面的な交流が含まれている。日本政府は世界的なファウンドリーであるＴＳＭＣに対し、熊本県に12インチウエハー工場を設立するための補助金として（第１工場の建設だけで）４０００億円超を投資するという具体的な政策を打ち出した。また、日本や欧州が強力に推進する経済安全保障対策には、民主的なサプライチェーンと自由貿易の価値に関わる問題が含まれており、民主主義国家と権威主義国家の間には厳然とした経済安全保障上の対立が形成されている。

図表2-3-1　日台関係と日中関係の違い

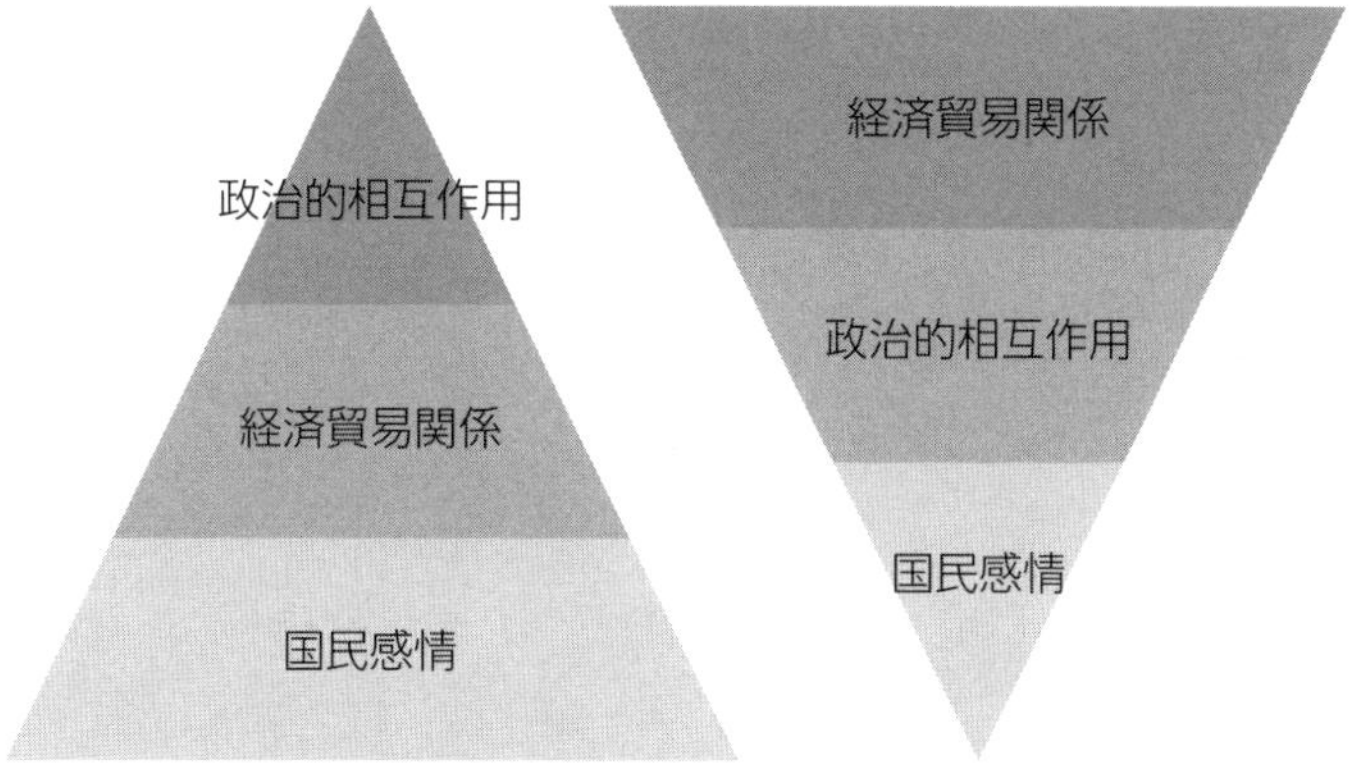

▲日台関係　　▲日中関係

日台は国民感情が、日中は経済貿易関係が優先される

東アジアの地理戦略的価値は、中国と日本、台湾と日本の国民感情にも影響を与え、さらには台湾に対する日本の戦略的価値にも影響を与える。

中国と日本の国民感情に関して日本の非営利シンクタンクの言論ＮＰＯと中国の中国国際伝播集団が共同で２０２２年11月に発表した第18回「日中共同世論調査」によると、日本国民の87・３％が中国に反感を抱いていることが分かった。尖閣諸島、南シナ海、国際規範に違反する行為（台湾海峡問題）への不支持度が最も高い。中国人も日本に対して62・６％が「印象が良くない」と答えた。最も嫌な点として挙げられたのは「米国と協力して中国を包囲する」「米国に追従する日本の外交行動が理解できない」などだ。

台湾と日本の国民感情については、日本台湾交流協会が２０２２年1月に実施した調査によると、台湾人の77％が日本に親近感を抱いており、台湾人の70％が日台関係は友好的であると考え、60％は日本が信頼できる国だとしている。台湾の台北駐日経済代表処が２０２２年1月に実施した調査でも、日本人の75・９％が台湾に「親近感」を持っており、日本人の71・４％が「現在の台日関係は良好」、64・８％が台湾を「信頼できる」と考えている。

日本人は一般に中国に対して否定的な見方をしているが、台日関係については非常に肯定的な評価や感情を維持していることが分かる。近年の台日関係は依然として国際政治の制約を受けており、頻繁な政治的交流は行えていない。しかし、二国間関係は良好な国民感情に基づいており、引き続き緊密な経済・貿易関係を発展させ続けており、安定したピラミッド型の相互作用モデルを形成している。

近年、日中関係は緊密な経済・貿易関係を示しており、政治的交流もあるが、国民感情が悪化すると、それは脆弱な逆ピラミッド型の相互作用モデルとなる（**図表2-3-1**）。日中間の経済・貿易関係は、専ら双方の政治的交流に全面的に依存している。日中間の政治的交流が良好であれば、国民感情は経済貿易関係に影響を与えず、日中間の政治的交流が悪ければ、国民感情は経済貿易関係に直接影響を及ぼし、逆三角形の相互関係はさらに不安定になる。

小島の大戦略、台湾の三位一体の地理的見解

台湾の戦略的地位について語る前に避けて通れないのが、台湾と台湾の利益に対する中国の戦略的思考だ。それによって、私たちは台湾の将来の方向性とアプローチについてさらに考えることができる。

「戦略」とは何か。一般的な理解では、国の発展目標や国力を踏まえ、内外情勢を総合的に判断して策定される全体的な策略のことを指す。例えば、日本の明治政府ができた当初、不平等条約の撤廃と富国強兵が主な目的であったことから、大久保利通や大隈重信が推進した殖産興業、そして福沢諭吉の脱亜論などの国家戦略が導き出された。１９９０年代以降、台湾は経済的・外交的影響力を強化するために「アジア太平洋地域運営センター」や南向政策などの国家戦略を推進した。

「国益」については、客観的な環境という地理的条件と主観的な国家の位置付けが関係する。例えばその国が海の近くにあるか、内陸部にあるか、半島や島にあるか、熱帯、温帯、寒帯にあるか、国土面積、人口などはすべて客観的な地理的条件だ。国の歴史、国家的および文化的アイデンティティー、国際社会における役割、価値観の選択はすべて主観

的な国家的位置付けとなる。これらの客観的要因と主観的要因は国益の内容に直接影響を与える。

中国から見た台湾問題

主観的な国家の位置付けという点で言えば、中国にとって台湾問題は国家、歴史、文化が一体となった重要な問題である。

中国は、西側諸国による国家主権の侵食と分割という1世紀以上にわたる歴史的屈辱を払拭しなければならないと長年主張してきた。そして、同じ文化と人種を持つ台湾は中国領土の神聖で不可分な部分である。したがって、中国が台湾を取得するのは、台湾が地理的に重要な位置にあるというだけでなく、台湾の統一が国民意識と文化的アイデンティティーの大きな問題であるからでもある。

毛沢東氏の「血洗台湾」、鄧小平氏の「一国二制度」、習近平氏の「武力行使を排除することなく、台湾の独立に反対し統一を促進する」など、中国の指導者が台湾を獲得するために使おうとする方法には若干の違いがある。しかし、それらはいずれも台湾の主権の完全な所有権と台湾を統一するという神聖な使命を強調している。言い換えれば、中国の国力が増大し続ける中、台湾問題は国家発展と中華民族の復興の中核的課題として位置付けられている。

そのため、中国は台湾問題について客観的な地理的重要性と主観的な国益を強調し、「台湾問題は中国の内政問題であり、いかなる外国も干渉してはならない」と宣言している。米日両国は第一列島線、半導体サプライチェーン、民主的バリューチェーンの観点から、地域の安全保障と世界の発展に関わる重要な問題として台湾海峡の平和と安定を主張している。

上述の進展は台湾の地政学的価値を示しており、台湾問題を近隣諸国の地政学的利益と結び付け、米国、日本、中国の利益の交差点となっている。また、台湾問題に対する各国の強い関心により、台湾問題はますます国際化している。したがって、台湾は自らの地政学的な価値と、そこから広がる地政学的価値を直視する必要がある。

三位一体大戦略の考え方と解決策

台湾にとって、自らを核とした地政学は国益と国力を絡めた「大戦略」でなければならない。いわゆる大戦略とは、国家が国家の位置付けを考慮し、目標を達成するためにあらゆる力を行使する全体的な戦略と定義することができる。例えば、大日本帝国時代の「大東亜共栄圏」、冷戦時代に米国が提唱した「共産主義勢力の封じ込め」、中国の「一帯一路」

などは、いずれも特定の時期における国家の大戦略と言える。

台湾がその大戦略を考えるとき、まず次の３つの戦略要素を考慮する必要がある。

第１に、３つの列島線だ。台湾は西太平洋の３つの列島線のうち最初の列島線の中心であり、台湾の戦略的価値には地政学、地経学、地理的科学技術が含まれている。そして世界で最も重要な３カ国、すなわち米国、中国、日本が台湾に細心の注意を払っている。

台湾は第一列島線の中心に位置するため、海洋大国である米国と陸上大国である中国の利益が交差し、衝突する場所となっている。米国が設定した３つの列島線の中で、最も重要で最も抑止力があるのは第一列島線だ。ひとたび中国によって最初の列島線が突破されれば、それは最初のドミノが倒れるようなものであり、米国のアジア太平洋戦略は大きな影響を受けるだろう。したがって、第一列島線における台湾の役割と機能を維持することは、米国のアジア太平洋地域およびインド太平洋戦略の中核目標の１つである。

中国にとっても台湾は列島線包囲網を突破するための重要な鍵であり、中国の外洋海軍（遠洋戦闘能力を備えた海軍形態）の発展に向けた鍵でもある。したがって、台湾を最終的に中国の統治下に確実に復帰させることが、中国にとっては中華民族の偉大な復興を達成できる唯一の方法ということになる。

第２に、３種類の地理的関係性だ。地政学的に言うと、台湾は強国の利益の最前線にあり、地経学的にも２０２２年の台湾のＧＤＰは７６００億米ドル超で、世界第21

図表2-3-2　三位一体の台湾の地政学的価値

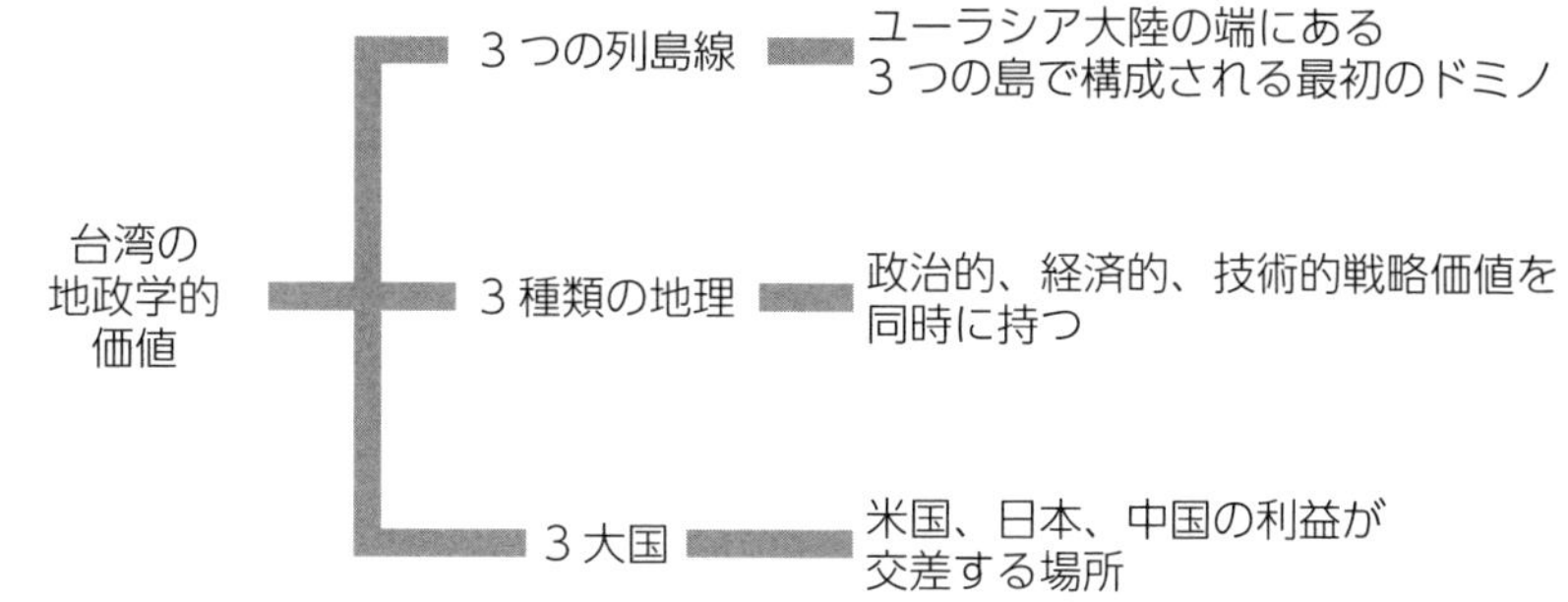

位の経済大国となっている。そして地技学（geo-technology）の観点からも情報通信産業のサプライチェーンにおいて他に代え難い役割を果たしている。台湾の強い半導体産業は、関連技術や他国の産業の発展と経営戦略に影響を与え、世界の政治、軍事、経済、産業動向にも直接影響を与えている。世界各国が台湾の半導体産業戦略と動向に注目している。

第3に、主要3国だ。世界最大の経済大国であり、その軍事力は他国を大きく上回っている米国、世界第2位の経済大国であり、経済力と軍事力が急速に向上している中国、世界第3位の経済大国であり、製造業の基幹技術を有する日本。これら3カ国はいずれも台湾問題を国益の一部と見なしている。台湾問題に対する米国、中国、日本の態度、立場、政策は、自国の国益に関わるだけでなく、地域の安全保障、さらには大国の影響により世界の安全保障にも及ぶ。

地政学と地経学を組み合わせて地理的技術を強化する

台湾の地政学的な価値は、3つの列島線、3種類の地理、3大国に同時に影響を与える（図表2－3－2）。このような特殊な経済・外交・安全保障は人類史上極めてまれな状況だ。

したがって、台湾が大戦略を考える際にはまず地政学的観点からそれに対応する防衛力を確立しなければならない。第一列島線の中心に防衛能力を保有することによってのみ、米国と日本の戦略的な注目を集め、武力で台湾を侵略しようとする中国の試みを阻止することができる。

地経学の観点からサプライチェーンにおける影響力をうまく活用し、地域経済統合に参加するための戦略を積極的に策定するとともに、東南アジア、北東アジア、中国の間の経済貿易ネットワークにおいてハブの役割を果たし続ける必要がある。

最後に、地技学に関しては、最先端半導体を強化する必要がある。台湾にとっての半導体産業は空を飛ぶ鳥の翼のようなもので、この翼が強ければ強いほど、台湾はより高くより遠くへ羽ばたくことができる。

つまり、台湾の運命と発展を左右する選択は台湾を主体とし、地政学、地経学、地技学を組み合わせた三位一体の大戦略でなければならない。

中国への抵抗か和平路線か

台湾は米国、中国、日本の３大国と対峙しながら、自らの地理的利益を生かして３国との関係を考えなければならない。この点に関して台湾には２つの異なる意見が存在する。「親米、日中との友好」を主張する人々は、生き残るために大国と取引する小国はすべての当事者と等距離で友好的な関係を維持しなければならないとする。もう１つのグループは「親米、日本との同盟、中国への抵抗」を強調し、安全保障と発展の余地を得るために小国は同じ価値観を持つ同盟国を選ぶ必要があるとする。両派の最大の違いは、両岸関係をどう見るか、つまり台湾が中国との和平を選択するか、中国への抵抗を選択するかである。

これら２つの派閥間の論争は２０００年以降、台湾の政治、経済、外交、安全保障政策の動向に影響を与え続けてきた。台湾と米国の緊密な関係、台湾と日本の友好関係の維持に加え、両岸関係は国際環境、政党の意見、政策立案者のイデオロギーの影響を受けて大きく変動するだろう。

戦略的利益の視点に立ち返れば、台湾と米国、日本と中国の関係を別の角度から分析することができる。まずは米国。台湾にとって米国は、自らの戦略的価値を強化し維持するために「必要なコスト」である。台湾は米国製の武器に比較的高い料金を支払い、米国の経済政策や外交政策に従わなければならない。だがこうしたコストがあるからこそ、台湾は米国の支援を得ることができ、それによって自国の地政学的な価値を強化し維持することができる。

日本に関しては、台湾にとっては戦略的パートナーだ。日本の資本と技術は、台湾が経済の奇跡を起こすための重要な要素である。日米安保体制は台湾と日本の安全を確保する重要な防壁である。台湾が最先端の半導体産業を維持するには、日本の半導体材料と装置が不可欠な条件となる。

最後に中国。中国は台湾にとってリスクであり、台湾はリスク管理の観点から両岸関係を考える必要がある。政治、経済、軍事、外交など多面的なリスクであり、リスク予防、リスク軽減、リスクテイクの3段階に応じて異なる対応戦略が提案されている。

両岸関係はリスクを軽減する段階に

前述したように、台湾国内で中国への抵抗と中国との和平を巡り2つの異なる意見があるのは、主にリスク段階での認識の違いによるものである。

和平派は、現在はリスク予防の段階にあり、両岸関係の健全な発展を維持するためのコミュニケーションチャンネルを確立することでリスクの発生を効果的に予防できると考えている。一方、反中派は、台湾は現在リスクテイクの段階にあり、単独でリスクを背負うことはできないため、友好国と団結して増大する中国のリスクに共同で対処する必要があると考えている。

ただし、リスク予防段階とリスクテイク段階の間にはリスク軽減段階もある。この段階で最も重要なことは、さまざまなレベルのリスク脅威を判断して区別し、それに対応する戦略を考え策定することだ。

両岸関係に関する限り、中国からのリスクは既成の事実であり、リスク予防段階の考え方は完全には適用されない。一方で、現在のチャイナリスクの脅威は分野ごとに異なり、リスクテイク段階という考え方も完全には適用されない。
であるなら現在の両岸関係はリスク軽減段階にあるはずだ。現段階での最善の対応戦略は、中国のリスクに関する包括的な環境スキャンを実施し、高リスク、中リスク、低リスクを動的に判断し、リスクの度合いに応じて対応戦略を提案することだ。

【世界を学ぶ】

ChatGPTは「台湾有事」をどのように解釈するか

最近最も人気のあるサービスであるＣｈａｔＧＰＴに中国語で「台湾有事」について尋ねると、日本が対応可能な戦略として以下のように回答した（図表２－３－３）。本文中で紹介した日本語で問い合わせた場合と少し違っていたのでここに掲載しておく。

まず、政治的支援と外交的立場については、日本は台湾への政治的支持を表明し、平和、安全、地域の安定を維持する重要性を強調する。日本の外交的立場としては、台湾の国際機関への参加を支持し、国際舞台で台湾に対する懸念を表明する。

第２に、外交調停については、台湾と他国との間に紛争や緊張が生じた場合、日本は各方面への対話を行い、平和的解決に到達するための支援を行う外交的仲介の役割を提供する。第３に、人道支援については、日本は自然災害やその他の緊急事態に対応し、台湾を支援するための物資、救助チーム、医療支援などを含む人道支援を提供する。

図表2-3-3　「台湾有事」に関する中国語および日本語での質問に対する ChatGPT の回答

対処戦略	ChatGPT（中国語 DB）	ChatGPT（日本語 DB）
外交チャンネル	○	○
国際機関との協力	○	○
安全保障協力の提供	○	○
人道援助の提供	○	○
経済協力の提供	○	×
情報発信の確保	×	○

第4に、安全保障協力については、日本は台湾との安全保障協力を強化する。これには台湾自身の防衛・安全保障能力の強化を支援するための情報共有、軍事交流と訓練が含まれる。第5に、経済協力については、日本は台湾との経済協力を強化し、台湾の経済発展を促進するために経済支援や投資を行う。第6に、国際協力については、日本は国際社会の他の国々と協力して、地域の平和と安定を確保するための共通の台湾政策を策定する。第5は日本語ではなかった回答だった。一方で日本語では「情報発信の確保」についての言及があったが、中国語にはそれがなかった。

4章　半球化の下での戦略的選択肢

生存が先か、発展が先か

２０２３年8月、スマートフォンメーカーである中国・華為技術（ファーウェイ）は長年の沈黙を破り、新型ハイエンドスマートフォン「Ｍａｔｅ 60 Ｐｒｏ」を発売した。このスマートフォンには中国・中芯国際集成電路製造（ＳＭＩＣ）が製造した7ナノメートル世代のチップが採用されている。さらに部品の90％以上、約1万種類が中国メーカーから供給されており、５Ｇ機能も備えている。

ファーウェイは米中の貿易戦争における米国の主な「仮想敵」であるため、このニュースは米国政府に衝撃を与えた。２０１８年に米国が提案した「高い壁で囲われた小さな庭」戦略は、人工知能（ＡＩ）、量子コンピューティング、半導体などの特定コア技術（小さな庭）に厳格な戦略的管理（高い壁）を設ける必要性を主張している。この壁の目的は、ファーウェイに代表される中国の科学技術の発展や浸食を阻止することだ。ファーウェイによるハイエンドスマートフォンの発売と推定１７００万台の量産能力は、米国が確立した壁を中国が部分的に突破したことを示している。

ファーウェイのハイエンドスマートフォンの登場は、「半球」時代の始まりでもある。かつてはグローバリゼーションが東アジアの経済の奇跡をもたらし、アジア四小龍が東アジアを制覇した。しかし近年、米国と中国が覇権を争う中、地政学から経済学に至るまで半球化の傾向が具体化している。

「銀河英雄伝説」に学ぶ国家の生き残り策

半球化の時代に国はどこへ向かうべきなのか。日本のＳＦ小説『銀河英雄伝説』（東京創元社ほか）に登場するフェザーン自治領が貴重な示唆を提供してくれるかもしれない。

１９８２年から１９８９年にかけて、日本の作家、田中芳樹氏は10冊に分かれたＳＦ戦争小説を書いた。出版以来、日本で１５００万部以上が販売され、爆発的な銀河英雄伝説ブームを引き起こした。本書で描かれる世界は人類が銀河系全域に進出し、３つの主要な勢力、人口２５０億人を擁する独裁体制「銀河帝国」と、人口１３０億人の民主体制「自由惑星同盟」、強大な経済力を持つ人口20億人の独立都市国家「フェザーン自治領」が形成された遠い未来に設定されている。

総合的な国力から見ると、銀河帝国、自由惑星同盟、フェザーン自治領の国力比は5対

4対1である。小説の結末では無数の政治的陰謀と軍事戦争を経て、銀河帝国が最終的に他の2つの主要勢力を併合し、銀河を統一する。

銀河帝国と自由惑星同盟という2大軍事大国が対立する中、軍事力では及ばないものの中立貿易国フェザーン自治領の設定が特に読者の注目を集めた。その特別な地理的位置と経済・貿易上の強みにより、銀河帝国と自由惑星同盟の間でうまく立ち回ることができた。

銀河帝国と自由惑星同盟を結ぶ回廊は2つしかなく、1つは2大勢力間の激突の戦場となった「イゼルローン回廊」、もう1つはフェザーン自治領を中継する「フェザーン回廊」である。銀河帝国と自由惑星同盟の間を自由かつ平和に移動したい場合はフェザーン回廊を使用するしかないため、フェザーン自治領の地理的な価値が際立つ。一方、銀河帝国と自由惑星同盟の緩衝地帯に位置するフェザーン自治領は、その経済力と貿易力を生かして帝国と同盟の間の貿易仲介を行っている。

現実世界のフェザーン自治領とは

フェザーン自治領の設定に関して読者が注目するのは、主に次の2点だ。1つは、現代の国際社会において2大国に挟まれたフェザーン自治領に近い国や地域はどこだろうかという点だ。

経済と貿易の強さを重視する人々は、日本がフェザーン自治領のようなものだと思うだろう。日本は強力な経済と貿易の強さを持っているが、自国を守るための軍事力に欠けている。

自治領の地位に焦点を当てる人々は、香港がフェザーン自治領のようなものだと思うだろう。小説におけるフェザーン自治領は銀河帝国の領土であるが、自治権を持ち、経済・貿易への影響力を持っている。現実世界の中国が銀河帝国であるように、米国は民主的な自由惑星同盟だ。１９９７年以降、軍隊を持たない香港は中国の領土となり、民主主義国家と中国の間の貿易仲介地となった。

しかし、地政学を重視する人々は台湾をフェザーン自治領のようなものだと思うだろう。台湾は第一列島線の中心に位置し、中国（銀河帝国）が海洋権力を拡大する唯一の通路であり、米国（自由惑星同盟）が中国の西太平洋進出を阻止する要塞でもある。

そして、読者がもう1つ気になるのは、経済力や貿易力が強くても最終的には自らの生存権を確保できないという結末だ。小説中でフェザーン自治領は全銀河の富の1割以上を蓄積し、貿易取引を通じて銀河帝国の貴族や自由惑星同盟の高官らを魅了したが、強力な軍事力の前には降伏するしかなかった。

特に小説で描かれた「神々の黄昏（ラグナロック）」作戦では、銀河帝国は自由惑星同盟のイゼルローン要塞に対して大規模作戦を仕掛けたと見せかけて、実際には強力な軍事力でフェザーン自治領を占領し、後にフェザーンを銀河帝国の首都と定めた。日本の読者はこの描写に特別な思い入れがある。

経済力や貿易力があっても生存権は確保できない

第2次世界大戦後、米国の対日政策は主に日本の完全武装解除に基づいており、戦後初期の日本の安全保障政策を主導し、この考え方を日本国憲法に明記した。この平和憲法において、第9条では「戦争の放棄」「武力の不保持」「交戦権の否認」が強調されており、本来は日本を非武装・非軍事の国にすることを意図していた。

しかし、非武装の日本が自国の武力に頼らずどうやって自国の安全を確保できるのだろうか。米国の当初の計画は、非軍事国である日本の安全の確保は、１９４５年に設立された国連に依存させるというものであった。しかし、日本国憲法が公布された翌年、共産主義勢力の脅威にさらされ、米国は東アジアにおけるソ連や中国の脅威と戦うために日本に軍備を取り戻させることを決定した。

このことは当初、日本で大きな反発を引き起こした。なぜなら、ひとたび米ソ間で戦争が勃発すれば、必然的に日本が主な攻撃目標となるからである。日本はさまざまな制約と妥協の下に自衛隊を創設したが、日本の国土防衛は日米の安全保障体制に依存することとなった。

戦後長い間、日本の国家発展戦略は最低限の防衛力を維持し、経済と産業に資源を投入することであり、それが日本の高度経済成長を促進してきた。しかしながら、中国の軍事力や海洋戦略の強化、北朝鮮の弾道ミサイルの脅威、宇宙・サイバー空間の軍事利用など、日本を取り巻く安全保障環境は変化しつつある。日本は経済貿易の強さだけでは国の生存権を確保できないことを深く認識している。

東アジアの安全保障のジレンマ、偶発的な軍事衝突の危険

「安全保障のジレンマ」は国際政治でよく使われる用語で、国が安全を脅かされたと感じたときに、安全を確保するために軍事力を強化するというものだ。そのため、現代の国際情勢分析の議論においては軍拡競争とともに登場することが多い。

こうした軍事力強化の動きは、相手国にとって安全保障上の脅威と見なされ、かえって軍事力の強化を促すことになる。本来は安全を確保することを目的とした政策や措置がかえって緊迫した状況を引き起こし、紛争や戦争にまで発展することさえある。

図表2-4-1　平時から有事までの4つの事態における日本の自衛権の緩和

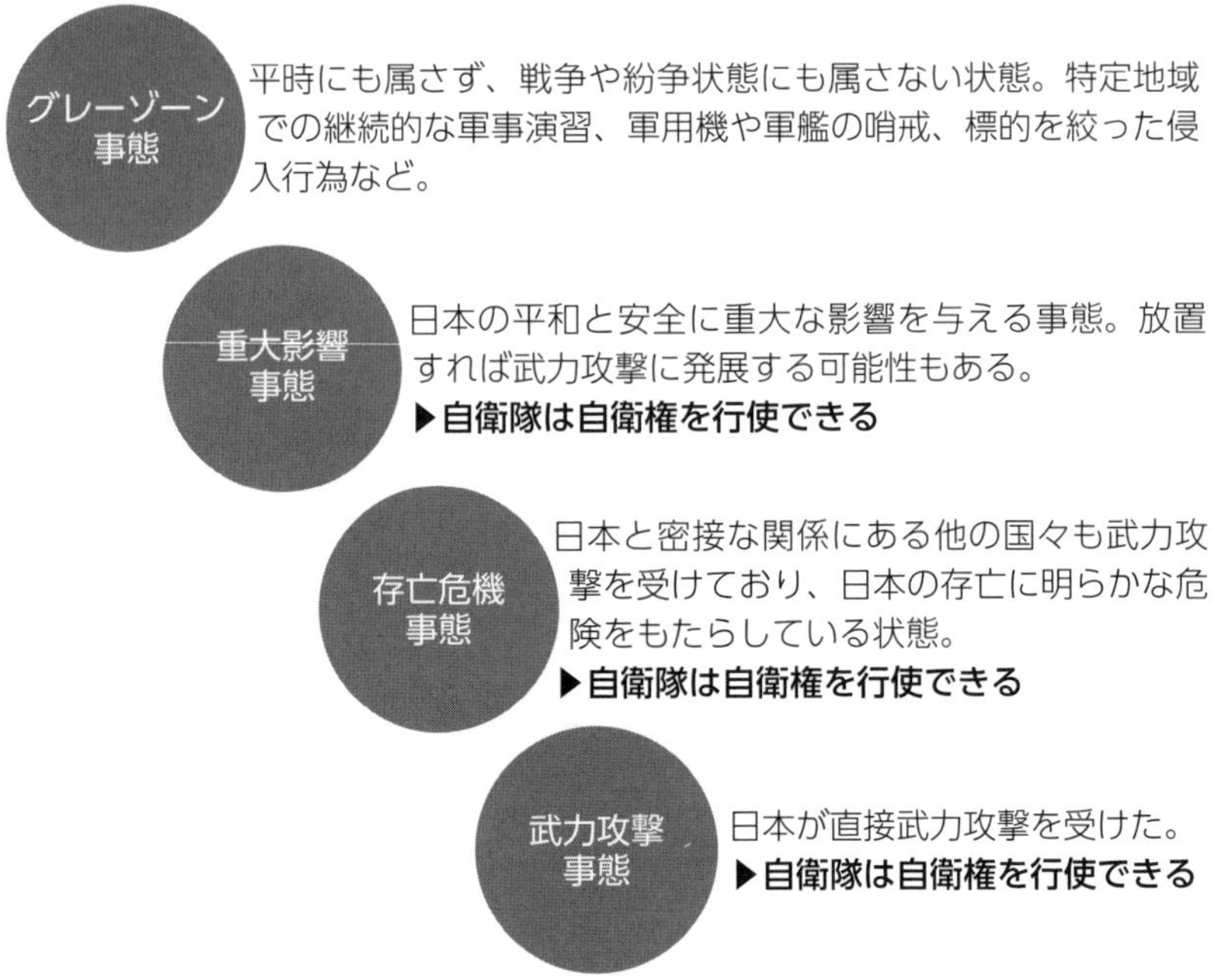

中国のリスクへの危機感が高まり、日本の自衛権が緩和

国家間で安全保障のジレンマが生じる最も重要な理由は、互いの戦略的意図の不確実性（あるいは誤解）だ。

例えば、中国は海洋防衛を実現するために海軍力を強化していると強調しているが、米国と日本は中国の戦略目標が第一列島線を突破することだとみている。

東アジアの緊張の高まりを反映して、日本は２０１４年、安全保障関連法の改正を推進した。日本は自国の軍事力を強化し、自衛権行使の条件を再定義することの重要性を認識し始めている。新しい法規範の下では、平時から有事に至る日本の状況は、「グレーゾーン事態」「重大影響事態」「存亡危機事態」「武力攻撃事態」の4つに分類される（図表2－4－1）。このうち、自衛隊が自衛権を行使できるのは「重大影響」「存亡危機」「武力攻撃」の3つの事態となる。

日本はまず経済発展に重点を置き、次に国家の存続に重点を置く

1980年代に出版された銀河英雄伝説の内容に戻ると、当時の日本は経済発展に力を注ぎ、輝かしい成功を収めた。しかし、憲法第9条や防衛予算などの制約により、十分な自衛力はなく、日米安保体制と在日米軍に頼らざるを得ない。

銀河英雄伝説のフェザーン自治領の発展の軌跡と最終的な運命は当時の日本にとっての警鐘に他ならなかった。

それ以後、日本は徐々に政策の優先順位を調整し、経済発展と国家存続の選択に関して、独自の生存手段を強化するためにより多くの資源を投資してきた。

台湾と日本の発展の軌跡は非常に対照的な関係を示している。第2次世界大戦後の歴史から判断すると、日本は当初の発展重視から生存重視へと調整しており、台湾は当初の生存重視から発展重視へと調整している。

前述したように、戦後の日本には日米安保体制と米国の核の傘に守られ、巨額防衛費を投じる必要はなかった。自衛隊員は25万人以下に維持されてきた。同時に、歴代の日本政

府は防衛予算をＧＤＰの１％未満に抑え、国家資源を経済産業分野に投資し、高度産業大国へと急速に発展させてきた。

しかし、１９９１年の湾岸戦争で日本は最大１３０億米ドルの援助資金を提供したにもかかわらず、国際社会から真剣に受け止められなかった。近年の北朝鮮の弾道ミサイル開発や中国脅威論の台頭などと相まって、日本は防衛体制の改革や防衛力の向上に積極的に着手しており、防衛予算を２０２７年にはＧＤＰ比２％に増額すると発表した。

台湾の「生存」と「発展」の割合の変化

対して台湾は戦後、中国の「血洗台湾」「武力統一」といった軍事的圧力の下、長期にわたり60万人の防衛力を維持してきた。**図表2－4－2**から分かるように、戦後初期には台湾の国防予算は中央政府の総予算の70％、ＧＤＰの８％以上を占めていた。国防費に予算を振り向ける中、インフラ建設や科学技術の研究開発を計画するための十分な予算を捻出することは困難である。台湾の国防予算が中央政府総予算の40％未満に減少したのは１９８０年代になってからであり、１９９０年代には30％未満にまで低下した。

しかし、東西対立の国際情勢が緩和し、中国が改革開放に向かうにつれ、台湾の地政学的な考え方は生存のバランスから発展のバランスへと傾き始め、「アジア太平洋地域運営センター」の設立を含む戦略コンセプトが提案されるなどの変化をもたらした。

この時点で、台湾はもはや国防予算を大幅に増やすことはなくなり、1980年以降、台湾経済は爆発的な成長を遂げ始めた。2000年代に入ると、台湾の国防予算は総予算の15%、GDPの約2%を占めるにとどまった。しかし、2018年以降、中国の軍事予算が急増したことにより、両岸の軍事力の深刻な不均衡が生じ、台湾の地政学はバランスの発展目的から生存目的に再び移行している。

荘子思想で東アジアの地政学を読み解く

戦後の日本と台湾の国家発展の軌跡の違いや各時点での考え方の変化を理解する上で、地政学には本来、地域的・時間的状況に対策を適応させるという特徴があることから、次に地理的な時間的要素と空間的要素について考えてみる。

中国の急速な経済的・軍事的台頭が台湾と日本に与えた影響は、地政学に権力比較という新たな視点を与え、それによって地理的な相対的要素と絶対的要素が確立された。

重要な地政学的地域に位置する中小国にとって、その地政学的戦略は国家の生存と発展の必要性、大国間の協力と競争によって同時に制約され、自国と他国の地政学的要素も確

図表2-4-2　戦後、台湾の国防費の割合は年々減少した

年	防衛費（台湾ドル）	中央政府予算に占める割合（%）
1951年	11億	77.41
1960年	59億	74.72
1970年	184億	60.09
1980年	810億	40.18
1990年	2,109億	31.34
1995年	2,340億	23.48
2000年	3,432億	15.39
2005年	2,485億	15.86
2010年	2,767億	16.73
2015年	3,127億	15.82
2020年	3,580億	16.40
2024年	6,068億	14.96

台湾経済が急速に成長し始め、
国防予算は年々減少

出所：各年の国防報告書

立される。

「河伯」と「北海若」に見る地理的視点

地理的な時間と空間、相対と絶対、自己と他者について詳しく議論する前に、まず有名な荘子の『秋水篇』を読んでみよう。

この文章は「秋水が来て、数百の川が氾濫、小川は大河になり、竹崖の両岸には牛も馬もいない」と始まり、秋に雨が降り続く様子が描かれている。盆地の支流は合流して広大な川面を持つ大きな川になる。川の神である河伯は川が氾濫した陸地の世界がすべてであり、世界を支配している感覚を持つ。川とともに下っていくが、やがて広大な北海に至り、その広大さを見て自分の小ささを知る。そこで北海の神である北海若と出会う。自分は劣っていると嘆く河伯と北海若の間で7回の哲学的対話が始まる。

その中で、北海若が語った「井戸の蛙は海では話せない」「夏の虫は氷の中では話せない」「曲師は道で話せない」は、井戸の底の蛙は空間によって制限され、不寛容な人は自分に制限され、自分の外にある客観的な環境を認識できないことを示している。当然、将来のことを正確に考えて計画を立てることもできない。

また、外的なものを判断する基準について、北海若は「天地原理の観点からは、高いものと低いものの区別はない」という命題を掲げ、自然常識の観点からは区別がないと考えている。あらゆる物事において高いものと低いものの区別、人間の世界の位の高さ、大小、有無、功罪、服従や不従順などはすべて相対的な概念だ。

同じ物体でも大きな物体と比較すると小さく、小さな物体と比較すると巨大になる。例えば、地球は天の川と比較すると小さいが、１つの国と比較すると巨大になる。つまり、物事の価値判断は特定の時間・空間環境下における相対的な概念でしかなく、絶対的な基準は存在しない。

人文科学の観点から離れ、社会科学の観点から見てみよう。時間と空間、相対と絶対、自己と他者などの概念は天地の原理を説明するだけではなく、人と人との交流にまで及ぶ。国家間の関係は一方では地政学を規制するための現実的な基礎であり、他方では地理的戦略の実施の結果である。

地理的時間と空間：東アジアの「秋水」が到来

秋水篇の河伯は、世界中の水をすべて自分が所有していると考えており、自己満足している。その主な理由は時間と空間の変化によって引き起こされる。時間的には、秋に大量の雨が降る秋水の到来を指し、空間的にはもともとの小川が大量の雨水の流入により一瞬にして大きな川になる「何百もの川が満ちる」さまを指す。

時間と空間環境の変化により、河伯は世界のすべての美しさは自分の手中にあると考えた。もし秋水がなかったら、おそらく河伯は心の中で満足して誇りに思うことはなかっただろう。このことから、時間と空間の要素の影響が分かる。

対照的に、東アジアの地政学において「秋水」が到来した。グローバル化の流れの下、中国の改革開放政策は過去30年間で地域経済、軍事、外交分野における影響力を急速に確立し、日本を追い越して世界第2位の経済大国となり、中国が東アジアの台頭を可能にした。東アジアは我々の手中にあるとの独りよがりな考えは、「力を隠して時間を待つ」ことを重視した発展戦略を、「変化をもたらす」ことを重視する国家戦略に転換してしまった。

時間と空間の要因は中国の地政学的な考え方を変えるだけでなく、秋水の氾濫のように近隣諸国にも影響を与える。特に、中国の独りよがりな考え方と積極的な行動は近隣諸国からリスクや脅威と見なされている。

地理的相対性と絶対性：権力の盛衰を踏まえた大戦略思考

ほとんどの人は、秋水篇の核となる考え方は、外部の違いから脱却し、自然の常識に戻ることであると考えている。しかし、より深い意味は世界のすべての違いは絶対的なものではなく、相対的なものであるということだ。外部環境に対する人々の思考様式は、絶対的な思考から相対的な思考に移行する必要がある。

地政学の分野でも、まず地理的な位置を相対的に比較し、次に地理的思考を形成することがある。したがって、地政学的戦略を立案する際には、絶対的な思考を脇に置き、相対的な思考に切り替える必要がある。

こうした戦略計画の観点から見ると、東アジアは主要国が大戦略を策定する中核地域となっている。東アジア情勢の変化に直面し、各国の大戦略には全体情勢を総合的に捉えた戦略目標と、相対的な権力の衰退を測る戦術的行為の両方が必要となる。

言い換えれば、東アジアにおける平和、安定、経済発展の確立が中核的な戦略目標である場合、主要国の対中国政策は中国の国力の変化に応じて形成される。これには中国の勢力拡大を阻止するための軍事配備の強化、国際世論と連携した中国の権威主義体制の批判、中国の技術開発を抑制するための半導体サプライチェーン統制などが含まれる。

地理と私と他者：自分自身と外部の変化を明確にする

秋水篇におけるもう1つの重要な議論は、変化と不変性についてだ。短期的な空間と物事は、特に基準点の違いにより常に変化している。荘子は広大な時空環境において、王が治める国や土地、政治家が心配する世界の人々は大きな穀倉の中の細かい米粒にすぎないと考える。しかし、私たちは世界のチェスゲームに参加しているので、知恵のある人は変化に慣れるために変化を観察し、その変化に参加できなければならない。

変化を観察する場合でも変化に参加する場合でも、最初に行うことは原点座標である独自の基準点を確立することだ。なぜなら、変化を観察するということは外部環境の変化を自分の視点から理解することであり、変化に参加するということは自分と外部環境との相互作用の関係に積極的に介入することだからだ。

自分自身の変化と他者の変化を明確に区別した上でのみ、変化に順応する地政学的戦略を立てることができる。言い換えれば、地政学的に緊迫し極限状態にまで達している地域では、中小国はまず自国の地政学的原点座標を確立し、外部環境の変化に常に注意を払う必要がある。このようにして初めて変化に適応する能力を得ることができるのだ。

米国と日本はインド太平洋で中国に対抗し、「秋水」の氾濫を防ぐ

２０１０年代以降、中国は「戦略機遇期」の恩恵を受け、秋水の到来のように急速に台頭し、普通の河川から流域の広い大河へと変貌した。一方で、秋水がこのまま川の氾濫を引き起こした場合、大きな影響が出るのではないかと周辺地域も心配していた。

そこで日米両国は、世界の地政学的概念と東アジア情勢を組み合わせ、中国の台頭に対応する大戦略概念、すなわちインド太平洋戦略を提案した。時系列で見ると、インド太平洋という概念が初めて国際政治の舞台に登場したのは、２０１０年10月に当時のヒラリー・クリントン米国務長官がハワイで、「米国は世界にとってのインド太平洋地域の貿易および商業における重要性を理解している」と公に述べたときである。

しかし、当時言及されたインド太平洋という概念はまだ地理的な概念であり、戦略的な内容は与えられていなかった。クリントン米国務長官は太平洋とインド洋地域には中国、インド、インドネシアなどの新興大国だけでなく、米国の重要な同盟国もあり、これらは米国のアジア重視戦略の延長線上にあると強調した。

２０１２年、当時の日本の安倍首相が『アジアにおける民主的安全保障ダイヤモンド』と題する論文を発表してから、インド太平洋地域の戦略的概念がさまざまな論文、報告書、政策に登場し始めた。

例えば、２０１３年５月に発表された『オーストラリア国防白書』では、インド太平洋地域がオーストラリアの４つの戦略的利益の１つとして挙げられている。中国の習近平国家主席も、２０１４年11月のアジア太平洋経済協力（ＡＰＥＣ）の会合で、インド太平洋地域と重なる「21世紀の海上シルクロード」（一路）を提案し、これと「シルクロード経済ベルト」（一帯）を結びつけて、「一帯一路」構想を打ち出した。

台湾は「他者」の視点からインド太平洋戦略をどう見ているか

しかし、なぜ過去10年でインド太平洋地域が急速に大国や近隣諸国の地政学的戦略の中核となったのだろうか。

第１の理由は、太平洋周辺の東シナ海および南シナ海において、２０１０年以降、中国、日本、米国、ベトナムなどの間で領土や航行の自由を巡る紛争が地域情勢に影響を与える大きな問題となっているためだ。この問題はインド洋地域まで広がっている。

第２の理由は、中国やインドなどの新興国の台頭により、これらの国の安全保障空間が拡大し、伝統的な地政学の現実空間が拡大したことで、インド太平洋という概念が重要な地政学的規範となったことだ。

第３の理由は、近隣諸国が航行の自由、経済水域における交流、領土紛争の解決などの原則を法的原則に基づいて規制する必要があることを認識しているためだ。この法的原則は太平洋地域とインド洋地域の両方に適用されなければならないため、インド太平洋概念の戦略的意味が確立された。

米国、中国、日本、さらにはインド、オーストラリア、その他の国であっても、インド太平洋戦略を考え計画する際には、各国の国益と国家能力を出発点とする。米国を例に挙げると、中国の海洋進出を抑制し、インド太平洋地域での影響力を確保することがを目標としている。日本は米国をはじめとする自由民主主義諸国と協力して国家安全保障を推進するとともに、インド太平洋地域における平和で安定した開発環境の構築を推進している。

したがって、「他者」のインド太平洋戦略は、その他者にとっては有益だが「我々」にとっては不利益となる戦略的議論が時として存在する。例えば、台湾海峡で紛争が起きた場合、ハイエンド半導体産業が中国の手に渡らないようにするため、米国が台湾の半導体工場を爆破すべきだといった議論だ。

台湾は自身の地政学的戦略を考えるべき

一般に台湾は、銀河英雄伝説のフェザーン自治領のようなものであり、中国と近隣諸国の安全保障と発展の鍵を握っていると同時に、荘子の秋水篇の秋雨期のように増水する河伯の影響を直接受けることになる。

台湾はインド太平洋地域の地理的要であるため、各国のインド太平洋戦略でも常に言及されている。しかし、台湾の観点からすると、これらの議論はすべて「他者」の地政学に属する。

したがって、状況の変化の下での大国の戦略計画に直面したとき、台湾は大国がひしめく東アジアで競争するために、変化を観察し変化に参加するだけでなく、自らの地政学的戦略と他国の地政学的戦略を調整しなければならない。この方法によってのみ、地域は変化に適応できる戦略的意志と適応性を確立することができる。

東アジアの地政学的関係が緊迫すればするほど、台湾は自らの地政学、つまり台湾の地政学を考える必要性が高まっている。

第3部 米ソ冷戦後と現在の冷戦

1章　東アジアの現在の冷戦構造

反共産主義から反中国主義へ

紀元前４８０年、ギリシャの都市国家連合であるアテネがペルシャ帝国を破り、半世紀続いたギリシャ・ペルシャ戦争は終結した。ギリシャ・ペルシャ戦争後、もともとは平凡な国だったアテネは日に日に強くなっていった。アテネの台頭により既存勢力スパルタは恐怖にかられた。アテネを中心とする都市国家連合とスパルタを中心とする都市国家連合との間には深刻な対立が生じ、ついに有名なペロポネソス戦争が勃発した。30年近く続いたこの戦争は、アテネの悲惨な敗北に終わった。しかし、勝利したスパルタも経済崩壊に見舞われ、ギリシャの軍事的覇権者としての地位を失った。

古代ギリシャの歴史家トゥキディデスはこの戦争を詳しく説明した。その後、国際政治学者たちはこの戦いを例として、新たに台頭する覇権国と既存の覇権国の間では戦争は避けられないと推論した。これがよく言われる「トゥキディデスの罠《わな》」だ。

視点を東アジアに戻そう。トゥキディデスの罠の議論に賛成であろうが反対であろうが、欧米諸国が宣言した冷戦終結が朝鮮半島や朝鮮半島を含む東アジアの緊張を緩和していないという事実を無視することはできない。台湾海峡では依然として対立状況が続いている。この2地域は現在の国際政治において大きな注目を集める火薬庫でもある。

「冷戦後」は東アジアには現れず

実際、国際関係環境と地政学の変化と影響は相互に因果関係を持っている。東アジアの地政学的な発展は、過去１００年間に３つの大きな国際的出来事の影響を受けてきた。１つ目は、米国、日本、中国が主体となり日本が敗北した太平洋戦争だ。２つ目は、１９４７年に米国、日本、旧ソ連、中国が主体となって始まった冷戦だ。３つ目は、１９９０年代半ば以降のグローバリゼーションによる中国の台頭だ。

第２次世界大戦後において、東アジアでは欧米諸国の目から見た冷戦後の平和はまだ実現していない。朝鮮半島、台湾海峡、北方四島、竹島（独島）、尖閣諸島（釣魚島）、南シナ海など、冷戦時代にもともと存在した領土・政治紛争、国家間の対立状況は緩和するどころか、ますます深刻化している。この観点から見ると、東アジアはポスト冷戦時代に入っておらず、依然として冷戦状況にある。

地政学的観点から見ると、中国の台頭による東アジアの現在の冷戦では、陸と海の覇権を巡る国家間の競争が強調されており、伝統的な天然資源、港湾、国の位置、その他の地理的環境要因が依然として東アジア諸国の戦略的思考を支配している。加えて、空軍や長距離ミサイルから５Ｇ（第５世代移動通信システム）やＡＩ（人工知能）へという科学技術の変化、軍事競争から経済相互依存へという国家間相互作用の変化、軍事力から国家競争力へという国力の指標の変化、そして経済安全保障という概念は急速に東アジアの地政学的キーワードとなった。

東アジアにおけるこうした変化は、資源配分、移動パターン、貿易方法の変化を意味する。この地域の国々にとって、この変化を無視すれば、大きな地政学的リスクに直面することになる。つまり、「冷戦下」の東アジアでは中国の台頭や経済安全保障などの新たな要因の出現により、以前から存在していたさまざまな地政学的リスクが不安定化している。こうした地政学的リスクがひとたび大きく変化すると、地震のように地域的、国際的な政治経済的環境に波及することは避けられない。

第２次世界大戦中、米国と日本が海洋戦略上の優位性を得るために太平洋の島々を巡って争った歴史的経験が、「現代の冷戦」の文脈で再び現れたことは注目に値するが、今回の主役は米国と日本に代わって米国と中国になった。

東アジアの安全保障上のジレンマが緊張と対立を増大

中国の国力が著しく成長するにつれ、急速に拡大する国益を守るために、中国は軍事力を積極的に発展させるとともに、世界およびその周辺海域でさまざまな戦略的展開を開始している。中でも東シナ海、台湾海峡、南シナ海といった海洋地域での軍事行動は、米国、日本、ベトナム、フィリピンなどの国々に疑念を引き起こしている。

これに対し、米国はアジアに軸足を置く戦略を提案し、インド太平洋戦略を基盤として自国および同盟国の軍事力を強化、強固な地域安全保障ネットワークを確立した。その結果、東アジア地域の国々が自国の安全保障上の利益を守るために強化した軍事力は、むしろ互いの安全を危険にさらす火種となっている。

従来の地政学における安全保障のジレンマは、地理的位置の不変性に基づいていた。例えば、19世紀の大日本帝国は国家の安全と国益は朝鮮半島の支配にあり、朝鮮半島の支配のカギは中国の満州の安定にあると判断し、満州を日本のものとした。中国、ロシアの戦略的中心地である満州は、中国首都圏への防壁であるだけでなく、ロシア極東発展の生命線でもある。地理的不変性は、中国、日本、ロシアの構造的対立に直結し、「中国と日本はいずれ戦争する」（日中戦争）、「日本とロシアは必ず戦争する」（日露戦争）という考え方をもたらし、これは避けられない現実となった。

しかし、現代の地政学における安全保障のジレンマは動的かつ多次元的だ。地理的位置は依然として一定の役割を果たしているが、国家安全保障と国益は変化し、多様化している。その理由は、現代国家の特徴の1つとして、政治的な想像上の共同体への傾斜が強まっていることにある。想像上の共同体は共通の利益（想像上の利益）を重視している。つまり、かつての冷戦や現在の冷戦など国際体制に応じて変化するだけでなく、政党の交代など国内情勢にも影響される。

国益に対する考え方の変化の下で、国民の政治的共同体への帰属意識、国の主権の帰属、地域および国際的な役割についての考え方が、国の地理的戦略配置に影響を与えてきた。例えば、第2次世界大戦後、台湾は国民党と共産党の内戦や国際冷戦の影響を受け、明・清の時代から続く海禁政策がとられた。当時、台湾の国家制度と位置付けはランドパワー国家に属しており、冷戦時代の台湾における地政学的考え方の中核概念は大陸の支配だった。

しかし、国際情勢の変化や国内政党の交代に伴い、これまでとは異なる国家観、現代台湾の地理的特性に即した海洋国家の確立が重要な概念となっている。国家のアイデンティティーと国家能力の両方が海洋国家としてのアイデンティティーに傾き、台湾は南向政策を進めることになった。

東アジアで最重要の地理的リスクは中国

東アジア諸国にとって、現在の安全保障上のジレンマは、主権の独立、経済発展、外交交流などの国家戦略によって地域にもたらされる変動性と不確実性に起因しており、それが地理的リスクを生み出している。他の東アジア諸国の地理的環境の観点から見ると、最も直接的かつ重大な地理的リスクは、中国の拡大する政治外交、経済貿易、軍事安全保障の動向である。

台湾を例に挙げると、中国は台湾の生活空間を国際的に抑圧し続けることに加えて、経済や貿易の面でも、ソーシャルメディアなど新しいメディアを通じて台湾の政治情勢に影響を及ぼす。両国間の緊密な経済交流により、中国市場政策と経済政策の変化は台湾企業、特にエレクトロニクス産業の利益に直接影響を与え、台湾の経済状況に影響を与える。軍事安全保障の面では、中国は引き続き台湾への武力侵攻の条件を強調し、積極的に海軍と空軍の活動範囲を拡大しており、台湾は中国からの軍事的圧力に直面している。

しかし、中国の台頭がもたらす直接的なリスクに加え、米中貿易戦争の長期化、朝鮮半島情勢、南シナ海紛争、地域経済統合なども、米中関係と東アジアの地域情勢に影響を及ぼす重要な課題である。

まず、２０１８年3月に始まった米中貿易戦争、その背景にあるテクノロジー冷戦の勃発がある（**図表３－１－１**）。為華技術（ファーウェイ）事件や半導体アライアンスから判断すると、５Ｇ、ＡＩ、半導体を中核とする今後のテクノロジー産業分野は、国家安全保障に直接関わることは必至であり、中国仕様と欧米日仕様という２つの市場仕様を形成することになる。関連産業の生産・製造においても、安全・安心の考え方の下、相いれない２つのサプライチェーンが出現する。

第２は、朝鮮半島情勢だ。朝鮮半島における核兵器とミサイル危機の進展は、地域の安全と安定に直接影響を及ぼし、関連国の政策選択はこの地域の地理的リスクに間接的に影響を及ぼす。特に、中国と米国がそれぞれ北朝鮮問題の主導権を握ろうとする過程では、近隣諸国が米中の地政学的な競争に極めて容易に巻き込まれることになる。

さらに、日本と韓国の二国間関係は、慰安婦、強制労働、竹島（独島）を巡る紛争によって不確実性が増し、一時は両国間の貿易摩擦に発展した。例えば、２０１８年に韓国が戦時徴用工への補償の名目で在韓日本企業の資産の差し押さえを行った結果、両国関係が緊迫化した。

また、中国のシーパワー思考の発展に伴い、南シナ海における島しょの主権、海域境界画定および関連する海洋権利の主張を巡る紛争も無視できない状況となっている。米国は中国の海洋進出をけん制するため、南シナ海での「航行の自由」作戦の執行を強化し、その範囲を台湾海峡まで拡大すると発表した。

図表3-1-1　伝統的な冷戦と新冷戦の考え方

	伝統的な冷戦	新冷戦
国際環境	米国と旧ソ連は相互に交流を持たず、両陣営の経済・防衛関係は疎遠	米国と中国は緊密な経済・貿易関係にある
手段	核兵器	5G、AI、半導体などの技術
核となる考え方	「共産主義」への対抗	「中国主義」への対抗
理論的根拠	地政学	地経学

英国、フランス、カナダ、日本などもこれに応じ、国際法に従って公海を航行する権利の行使を主張した。北東アジアの日本と韓国にとって、南シナ海紛争の当事国ではないものの、南シナ海から台湾海峡、バシー海峡を通って日本と韓国に至る太平洋航路は、北東アジアの経済ライフラインに関わるシーレーンである。

最後に、地域経済統合だ。中国の経済的台頭と地域の現状への挑戦により、東アジアとインド太平洋地域では２つの勢力が形成されている。すなわち、中国が率いる一帯一路勢力と、米国が主導するインド太平洋戦略勢力である。両陣営はＡＳＥＡＮ（東南アジア諸国連合）を中心とした地域諸国からの支援を積極的に求めている。さらに、米中貿易戦争の進展、東アジアの地域的な包括的経済連携（ＲＣＥＰ）、包括的・先進的環太平洋経済連携協定（ＣＰＴＰＰ）、インド太平洋経済枠組み（ＩＰＥＦ）の運用はすべて、地域経済統合の発展の方向に影響を与えるだろう。

東アジア冷戦は世界規模の「新冷戦」に発展

地理的関係においては、東アジア諸国は海上のシルクロードの一部であるだけでなく、自由で開かれたインド太平洋のメンバーでもある。日米のインド太平洋戦略と中国の一帯一路構想の間に挟まれ、東アジア諸国の戦略的情勢と役割は極めて重要である。

国際政治が中国の台頭に対抗する戦略的思考で満たされているとき、米国に代表される西側陣営はインド太平洋地域の民主主義諸国と連携して、中国と対峙し封じ込める勢力を形成している。中国も負けじと、ＢＲＩＣＳ（ブラジル、ロシア、インド、中国、南アフリカ、エジプト、エチオピア、イラン、アラブ首長国連邦）グループや上海協力機構（中国、ロシア、カザフスタン、キルギス、タジキスタン、ウズベキスタン、インド、パキスタン、イラン）を通じて積極的に反応し、ロシア、中央アジア、中東、南方諸国を団結させた。

この観点から見ると、東アジアにおける現冷戦パターンは、地球規模の新冷戦へと拡大している。新冷戦の枠組みの下で米国が戦っているのは、共産主義ではなく「中国主義」である。米国は過去に、国家近代化への唯一の道は市場経済を通じて民主政治を推進することだと主張してきた。一方、中国は別の近道を見つけており、その権威主義体制は輝かしい経済的成果をもたらす可能性がある。米国にとって、中国の発展モデルである中国主義は、既存の体制や価値観に対する大いなる挑戦である。

2章 「中国リスク」対「台湾リスク」

中国と米国の新たな大国関係

２００７年、米国の経済記者サラ・ボンジョルニ氏は、彼女の個人的な経験に基づいた著書『チャイナフリー：中国製品なしの1年間』（雨宮寛／今井章子訳、東洋経済新報社）を出版した。著者はメード・イン・チャイナが米国人の日常生活に与えている影響に衝撃を受け、自ら中国製品を使わない生活をしようと決意した。この本は出版されるや否や、すぐさま欧米社会の注目を集め、メディアも中国製造業の影響に注目し始めた。

当時でさえ、中国製品抜きの生活を送ることは容易ではなかった。子供のおもちゃ、家族の衣類、日用品、電化製品からクリスマスプレゼントに至るまで、中国製の痕跡が残っていた。中国の経済力が急速に向上した２０２０年代において、中国の製造業とサプライチェーンを排除することは２００７年時点よりもさらに困難になっている。２００８年の金融危機以来、米国は中国が生み出すリスクに対して非常に警戒してきた。

２０２０年代に入り、中国の軍拡リスクに対して米国は積極的に対応し始めた。当時、中国は南沙諸島のミスチーフ礁、スービ礁、ファイアリークロス礁などで人工島造設と軍事施設建設を相次いで進めた。それ以来、中国の経済的および軍事的台頭は、米国の戦略的思考におけるリスクや対立としばしば同一視されてきた。東アジア諸国にとっても、中国は巨大な市場機会から、現状を破壊し、地域の脅威につながる大きな要因へと変貌した。

共存する中国から脅威の中国に変貌

１９５５年4月、アジアとアフリカの29の国と地域の指導者がインドネシアのバンドンに集まり、アジア・アフリカ会議が開催された。この会議は第2次世界大戦後、西側諸国が参加しない初めての国際会議となった（ただし、日本は参加した）。この会議で中国を代表して参加した当時の周恩来・国務院総理は、中国の外交関係に関する平和共存の5原則、すなわち領土保全および主権の相互不干渉、相互不侵略、相互内政不干渉、平和互恵、平和的共存を宣言した。

この平和共存5原則は、当時イデオロギー対立が深刻だった冷戦時代を踏まえたものであり、戦後の中国にとって戦略的に大きな意味を持っていた。中国はこの外交原則を利用して、共産主義中国に対する国際社会の警戒感を弱め、外交の対象を拡大し、国際問題への中国の参加を高め、米国の隔離と封じ込め政策を打開している。この5原則はすぐに中国外交政策の基礎となり、また、将来における中国の国際連合（国連）代表権獲得や国際社会への復帰に向けた重要な外交基盤となった。

しかし、１９９０年代になると、中国の経済力と軍事力の台頭により、国際社会から見た中国は「平和共存の中国」から「脅威の中国」へと徐々に変化していった。

中国脅威論が台頭、国力は日本を超え米国に追いつく

同時期に日本をはじめとして国際政界では中国脅威論が登場し始めたが、その議論は「政治的脅威論」「経済的脅威論」「軍事的脅威論」の3つに大別される。

政治的脅威論の観点では、国際政治学コミュニティーは、中国がチベット、内モンゴル、新疆ウイグル自治区、台湾海峡、東シナ海、南シナ海を極めて重視していると考えている。近隣諸国にとって、それは拡張主義、権威主義的な脅威だ。

経済的脅威論に関して言えば、中国は改革開放以来、経済が急速に発展し、総合的な国力を向上し続けている。中国を中心とした強力な中国経済圏が形成されつつあり、その発展がアジア太平洋地域、さらには欧米経済に多大な影響を与えることは必至である。

軍事的脅威論の点では、中国の軍事支出の急速な増大と不透明さが近隣諸国に疑念を引き起こしている。米国、日本、その他の国々は、中国の海洋軍事力の集中的発展がアジア太平洋地域における新たな軍拡競争を引き起こしていると考えている。

特に、中国がＧＤＰ（国内総生産）で日本を抜き世界第2位の経済大国となって以降、米国は引き続き軍事、経済、技術、金融面で中国をリードしているものの、両国の国力差は急速に縮まりつつある。

国力の大幅な増大に伴い、中国は２０１１年の『中国の平和的発展白書』を通じて中国の核心的利益の範囲を再定義した。これには国家主権、国家安全保障、領土一体性、国家統一、中国憲法が定める国家政治制度と社会全体の安定、持続可能な経済社会発展の基本的保証が含まれている。

衝突や対立のない新たな大国関係

中国の国力の台頭、中国脅威論の出現、中国の核心的利益の再定義は、東アジアにおける現代中国の地政学的な見方を形作っており、それは相互の外交交流に基づいて、大国関係、周辺関係、海洋関係に分けられる。

まず、中国の地政学上の大国関係とは、中国と米国の関係を指す。「新型大国関係」は、２０１２年の訪米時に当時中国副主席だった習近平氏が初めて提案した戦略声明である。中国は自らが軍事的、経済的、外交的大国になったと自認しているため、21世紀には過去の大国である米国と新たなタイプの大国関係を構築する必要がある。具体的な内容としては、「相互理解と戦略的信頼の強化」「相互の核心的利益の尊重」「互恵協力の促進」「国際情勢や地球規模の課題における協力と連携の強化」の4原則を挙げている。中国は特に、米国は中国の核心的利益をより尊重する必要があると強調した。

翌年6月、国家主席に昇格した習氏はバラク・オバマ米大統領（当時）と首脳会談を行った際、歴史上の大国間の紛争や対立を回避し、衝突せず、対立せず、相互に尊重し、ウィン・ウィンの協力を特徴とする新しい大国関係に向けて共同で進むことを正式に提案した。

東アジア地域の観点から見ると、いわゆる新型大国関係とはG2の権力構造であり、東アジアにおける地政学的危機を共同で解決し管理するための米国と中国の協力を意味する。一方、米国の観点からすれば、アジアに軸足を置く政策はもともと中国を封じ込めることを目的としており、その戦略的思考は米国と中国の間の対立に基づいている。

中国にとっての新型大国関係は米中の協力と対立の併存関係に基づいている。したがって、東アジアに対する中国の地政学的な見方は、新しいタイプの大国関係を利用して米中関係を安定させ、中国の核心的利益を確保することであり、これは中国の地理的戦略の最優先事項である。

図表3-2-1　中国から見たアジアの範囲

北東アジア	日本、モンゴル、韓国、北朝鮮（計4カ国）
東南アジア	ベトナム、カンボジア、ラオス、ミャンマー、タイ、シンガポール、フィリピン、インドネシア、マレーシア、ブルネイ、東ティモール（計11カ国）
南アジア	インド、パキスタン、バングラデシュ、スリランカ、ネパール、ブータン、モルディブ、アフガニスタン（計8カ国）

出典：中国外務省アジア局

東アジアの周辺関係を取り込む

周辺関係については、中国脅威論の展開や新たな大国関係のあり方から、2010年代以降の世界政治情勢の展開を見ることができる。

中国の台頭と東アジアの急速な経済成長により、世界の政治・経済の中心は東アジアに移りつつある。大国化を続ける中国はアジアにおける影響力を超大国の米国と競い合っており、米中新冷戦が目前に迫っている雰囲気が徐々に醸成されている。これはまた、米国と中国の間の競争が国際政治経済を支配しており、東アジアが世界的な権力政治の中心であり、重要な競争分野となっているということも意味している。

また、中国外交におけるアジア戦略問題、すなわち中国と近隣諸国との関係もますます注目を集めている。東アジアは中国外交の最前線だ。中国は21世紀に入ってから、地域大国として東アジアを対外戦略の重要地域と見なしている（図表3-2-1）。

アジアにおける中国の影響力が日に日に増大する中、中国は国際ルールを順守し、近隣諸国との友好関係を維持するだろうか。また、アジアの経済と安全保障が不均一な状況において、中国の台頭と米国との権力闘争はアジアのパワーバランスにどのような影響を与えるだろうか。これらは将来の世界情勢を考察する上で大きな啓示となるだろう。

近海から遠洋まで海洋関係を重視

2010年以降の中国の地政学的戦略のもう1つの焦点は、大陸国から海洋国への転換である。これは周辺諸国に隣接する沖合域だけでなく、遠く離れた海域にも及んでいる。主要な沖合海域は東シナ海、台湾海峡、南シナ海であり、中国と日本、フィリピン、ベトナムなどの近隣諸国との関係に直接影響を与える。遠く離れた南太平洋に関しては、中国が海洋戦略を策定する上で重要な海域となる。

地政学的観点から見ると、中国が南太平洋における海洋関係を重視し始めているのは、主に以下の戦略的考慮に基づいている。

1つ目は、太平洋における米国の中国包囲網を突破することだ。この包囲網は主に、第一列島線（北はアリューシャン列島から南はマレー半島の南端）と第二列島線（グアムを中心とし、日本の小笠原諸島、硫黄列島諸島、米国のマリアナ諸島などの島々から成る）

を指す。中国が南太平洋での軍事拠点確立に成功すれば、第一列島線と第二列島線の間に突破口が開くだろう。

２つ目は、中国沿岸に沿った戦略的緩衝地帯を拡大することだ。中国の沿岸は経済発展の中心であり、国家安全保障の焦点である。中国が南太平洋海域の制海権を獲得すれば、米中間の潜在的な紛争地域は沿岸地域から太平洋の正中線近くまで拡大する可能性がある。

３つ目は、グアムの戦略的価値の弱体化。米国の太平洋戦略において、西太平洋の要塞に位置するグアムがその戦略的拠点となっている。北の基点としてグアムを使用することで、米国は東シナ海を制圧し、台湾海峡に介入することができ、西に向かえばすぐに南シナ海に進出し、マラッカ海峡の国際水路を制圧することができる。さらに、グアム基地はインド洋のディエゴガルシア米軍基地と連携しており、中央アジア、中東、アフリカの情勢の変化に効果的に対応できるようになる。中国がグアム南のパラオやミクロネシア連邦、さらにはグアム背後（東）のマーシャル諸島において政治的、経済的、軍事的影響力を獲得すれば、グアムは孤立し、その戦略的価値が低下する可能性が高い。

４つ目は、米国、日本、オーストラリアの分離である。中国の海軍力の増大に伴い、米国のアジア太平洋戦略や日米両国が構築するインド太平洋戦略におけるオーストラリアの戦略的地位は急速に高まっている。中国が南太平洋海域の制圧に成功すれば、米国、日本、オーストラリア間のつながりを断ち切ることができる。

５つ目は、中国の南米航路の安全を守ることである。安全保障の観点からは、中国にとって重要な航路がいくつかある。ユーラシア大陸北部に沿って北極海を経由して欧州に至る航路、ユーラシア大陸南部に沿ってインド洋を経由する航路である。中国が南米海路を特に重視する理由は、経済成長に必要な南米資源（チリやペルーの銅）を確保し、米国と競争するための戦略的スペースを獲得するためである。

この海域を巡る争いは激化している。２０２１年、日本のＮＥＣは日本、米国、オーストラリアの政府機関からの資金援助を受けて、パラオに新たな海底ケーブルを敷設した。これまで日本と米国は、国際通信の必要性から主に北太平洋で海底ケーブルを使用していたが、リスクを分散するだけでなく、南太平洋諸国との経済、貿易、安全保障関係を強化するためにも、南太平洋に海底ケーブルを敷設することが急務となった。この動きはまた、南太平洋における米国、日本、中国の競争が海上から海底まで広がっていることを示している。

中国はグローバルな友好関係を提案するが、欧州と米国はそれに乗らない

２０２０年代に入り、幾つかの国際情勢の激変は中国の地理的戦略にも直接影響を与えた。中国はロシアを支援し、軍事演習から技術戦争まで、頻繁に緊張感を高めている。まず、ロシア・ウクライナ戦争が勃発した。重要な国々、主に米国と欧州連合（ＥＵ）はロシアの政策を非難している。加えてロシアには金融システムやエネルギー取引、その他の国際経済面でも厳しい制裁が課されている。

しかし、習近平主席はジョー・バイデン米大統領とのビデオ通話で、中国は独立した判断を下し、国際法と認められた国際関係の基本規範の順守を主張すると述べた。国連憲章に基づき、ロシア・ウクライナ戦争の正式な解決方法は対話と交渉であるべきだと強調している。同時に、いかなる違法な一方的制裁にも反対の姿勢を表明し、ロシアに経済支援を提供した。

２０２２年8月上旬、ナンシー・ペロシ米国下院議長（当時）が台湾を訪問した。中国はこれに強く反発し、環台湾軍事演習を行った。

その規模と激しさは世界の注目を集め、特に同月4日には台湾に向けて9発の弾道ミサイルを発射し、そのうち5発が日本の経済水域に落下、4発が台湾上空を飛行し、戦闘機と艦艇も台湾海峡の中心線を越えた。これに対し、日本の岸田文雄首相は、この措置は地域および国際の平和と安定に重大な影響を与えるものであると述べ、中国に対し軍事訓練の即時中止を要求し、日米が平和と安定の維持に向けて緊密に協力することを確認した。

次に、半導体サプライチェーンにおける中国と米国の激しい対立がある。習近平氏は主席就任後、先端科学技術の自主開発で海外依存から脱却する「中国製造２０２５」計画を精力的に推進した。

半導体は中国共産党の経済発展の鍵だ。中国は毎年３０００億米ドル以上の半導体を輸入する必要があり、全世界の需要の75%以上を占めている。国内工場で生産される電子製品に使用されるチップ部品の最大85%が輸入されている。ほとんどの半導体製造プロセスには、米国の特許、日本の材料と装置、台湾と韓国のプロセスが関係している。

２０１８年から米中が技術面・経済面で対立する雰囲気の中、バイデン米大統領は２０２２年に米国の補助金を受けている企業が中国の先端製造プロセスに投資することを禁じる「ＣＨＩＰＳ・科学法」に署名した。同時に米国は、中国の半導体産業の発展をけん制・封じ込めるため、米国、台湾、日本、韓国によるチップ同盟（チップ4連合）の結成も計画している。

図表3-2-2　日本と欧米の中国情勢の見方

国・組織	安全保障関連書類の記載事項
日本（2022年12月）	中国の対外姿勢と軍事動向は、これまで直面した最大の戦略的課題
米国（2022年10月）	唯一の競争相手、最大のセキュリティー課題
北大西洋条約機構（2022年6月）	欧米の安全保障システムに対する体系的な課題

最後に、中国は２０２２年９月６日にロシアが実施した「ボストーク２０２２」演習に参加し、初めて日本海に艦艇を派遣し、ロシア艦隊との共同演習を実施した。ボストーク２０２２演習には開催国のほか、アゼルバイジャン、アルジェリア、アルメニア、ベラルーシ、中国、インド、カザフスタン、キルギス、ラオス、モンゴル、ニカラグア、シリア、タジキスタンが参加した。この演習には5万人以上の兵士と、航空機１４０機、船舶60隻を含む５０００種類以上の型式の兵器を投入した。

ロシアがウクライナ侵略で世界的な非難を受ける中、中国が陸海空軍の軍隊をロシアの軍事演習に派遣することは、中露の包括的戦略的パートナーシップの履行を示すものと見なされた。また、軍事演習や実弾射撃が行われる場所が、日本が領有権を主張する北方四島に位置していたため、日本とその周辺諸国に非常に強い影響を与えた。

中国の動きに対し、各国は安全保障戦略を講じる

中国を中心とする国際情勢の急激な変化に直面し、主要国は重要な報告書や政府文書を活用し、中国情勢の進展の戦略的影響とそれに対応す

る戦略政策を決定してきた。

例えば、北大西洋条約機構（ＮＡＴＯ）は２０２２年６月のマドリード首脳会議で「中国はＮＡＴＯに対して組織的な挑戦を提示しており、ＮＡＴＯは協力して対応する」とする戦略構想文書を採択した。米国はまた、同年10月に国家安全保障戦略を発表し、中国を「国際秩序を再構築する意図を持ち、この目標を推進するための経済力、外交力、軍事力、科学技術力を備える唯一の競争相手」と位置付けた。また、米国は、今後10年は米中競争における決定的な10年になるとしている。

日本は２０２２年12月に国家安全保障戦略を発表し、中国の対外姿勢と軍事動向が史上最大の戦略的課題であると強調した（図表３－２－２）。

中国は安全保障への取り組みを真剣に提案しているか

国際情勢の急激な変化に直面して、中国は徐々にその地政学的計画を調整してきた。２０２２年、北京で開催された中国共産党の第20回全国代表大会において、習近平主席は活動報告の中で、今後5年間に中国は「社会主義現代国家を全面的に建設し、中華民族の発展を促進し、団結して民族の偉大な復興に努力する」という理念を掲げた。

国際関係に関しては、中国の海洋権益を守り、国家主権、安全保障、発展を守るために、中国は軍事、科学技術、経済を含む総合的な国家安全保障能力を強化する必要があると主張している。具体的な内容としては、体制の安全、制度の安全、イデオロギーの安全のほか、食料、エネルギー資源、重要な産業およびサプライチェーンの安全などが含まれている。

将来の世界的な政治経済構造に直面して、習主席はまた、世界的な開発構想と世界的な安全保障構想も提案した。一方で、世界情勢における新興国と発展途上国の発言力を強化すべきだとし、他方ではあらゆる形態の一国主義や、特定の国を対象とした陣営や排他的な小さなサークルの設立に反対すべきだとしている。

中国共産党第20回党全国代表大会で強調された東アジア地政学戦略に、2つの側面があることは注目に値する。

第1の側面は、協調的な地域開発とハイレベルな対外的開放の促進を主張し、南西国境の東南アジア諸国や北東国境の北朝鮮との経済協力など、隣接する国境地域での国境を越えた協力を通じて、東アジアにおける中国の経済的役割を高めることを主張している。この戦略的思考は、国境地域の経済建設を強化するだけでなく、地域を最適化し、国境を安定させ、それによって中国の一帯一路戦略と協力することができる。

第2の側面は、近隣諸国と連携する周辺外交政策を推進することである。戦略的機会の発展環境を構築するため、中国は平和共存5原則に基づく近隣諸国との友好協力関係の発展を改めて強調し、利益の融合拡大に努め、全ての国々と利益を共有するとしている。軍事的には、核心的利益の維持を強調しながら防衛的な国防政策を宣言し、集団対抗という冷戦時代の考え方に反対している。

中国はアジア太平洋経済協力（ＡＰＥＣ）、上海協力機構（ＳＣＯ）、東アジアの地域的な包括的経済連携（ＲＣＥＰ）などの多国間メカニズムを通した地域経済統合によって、近隣諸国との友好、相互信頼、利益統合を深め、東アジアにおける役割を強化してきた。ただし、中国が提案する世界的な開発構想や安全保障構想は、地球規模の対応を形成できていない。少なくとも欧米諸国にとって、中国自体が大きなリスクの予測不能な源泉となっている。欧米諸国は世界規模の問題で中国との協力をさらに検討する前に、まず中国との協力によるリスクについて合意を形成し、行動する必要がある。

台湾は世界で最も危険な場所か

２０２１年４月、英国の雑誌『エコノミスト』は台湾問題を特集記事の形で報じ、「台湾は世界で最も危険な場所である」と結論付けた。

中国の国家統一への決意、台湾侵攻への武力行使を放棄しない姿勢、そして台湾海峡の平和維持に対する米国の姿勢により、台湾は米国と中国の争いの舞台となっている。また、台湾は世界の半導体産業の中核であるため、半導体生産をコントロールするという戦略的思考により紛争のホットスポットとなっている。

案の定、この記事が発表されるや否や、この点に関して国際社会では主に「台湾リスク」と「中国の脅威」という２つの議論が巻き起こった。

台湾リスクが高まれば、日本企業や「投資の神様」は撤退

台湾リスクを強調する議論では、台湾が東アジアの地域安全保障の火種になる。企業にとっては、台湾有事の場合の対応戦略を立てるとともに、台湾への投資リスクも考慮する必要がある。例えば、日本の大手企業は緊急時に従業員を避難させる戦略を策定した。米バークシャー・ハサウェイの会長兼最高経営責任者（ＣＥＯ）のウォーレン・バフェット氏はＴＳＭＣの経営とサプライチェーンの状況を高く評価しているが、それでもＴＳＭＣの所在地である台湾での紛争リスクを考慮して、２０２３年２月に保有するＴＳＭＣ株を売却する決断を下した。

中国脅威論については、中国が「中国の夢」「中国製造２０２５」「一帯一路」「中華民族の偉大な復興」などの戦略構想を打ち出し、国際社会の注目を集めるようになった。米国を中心とする西側諸国と中国の近隣諸国は、中国の拡張的な外交政策と中国の近隣諸国

に懸念と疑問を抱いている。

中国の夢は、習近平氏が国家主席に就任した２０１３年の第12期全国人民代表大会第１回会議で演説した際に提唱したものである。ここでは、中国の夢は民族の夢であり、すべての中国人の夢でもあると主張している。これはまた、中国が共産党の支配を強化するために利用したイデオロギーが、冷戦初期の共産主義や改革開放期の愛国主義から民族主義へと変化したことを意味する。

習政権下の中国が中国の夢を実現するためには、中国の特色ある社会主義の道を歩む、愛国心を核とする国民精神と改革と革新を核とする時代精神、中国の各民族の人民の偉大な団結の力を結集する、などの政策方針を具体的に推進する必要がある。

中国の夢が近隣諸国を不安にする

民族主義、国家主義の観点から見ると、習主席が提唱する中国の夢には、国家の輝かしいビジョン、現在の危機的課題、そして総動員に関する論理的な議論が同時に含まれており、それは中国にとって国家統一を維持し強化するための重要な手段であるだけではない。資源動員と国民動員というイデオロギー活動は、中国が危機に直面したときに国益を守るためのイデオロギー的基盤であり、すべての人々の自信を回復するための重要な手段である。

しかし、中国のナショナリズムの過度な誇張は、むしろ近隣諸国に不安と脅威を覚えさせ、東アジア地域全体の安定に影響を及ぼしている。

実際、改革開放後の中国の外交政策は主に鄧小平氏が提唱した「力を隠し、力を蓄え、少しばかりのことをする」、つまり国際社会において控えめに国力を蓄積するというもので、国の発展に影響を与える主要な外交紛争を棚上げする傾向があった。

鄧氏の時代、つまり中国の国力が他の主要国に比べて劣っていた時代には、中国の経済発展に好ましい環境を提供するために、近隣諸国と比較的安定した関係を築くことに重点を置いた。しかし、習氏の中国の夢の時代には、中国の国家的自信の高まりとともに、主要な外交紛争は総合的に検討し、適切なときに戦い、縦横に協力し、同時に権利を守るという政策方針で対処された。もはや力を隠して時を待つことに焦点を当てるのではなく、変化を起こすことを重視している。

軍事力は世界第３位、科学技術力も急速に成長

まずは軍隊。中国は２００万人以上を擁する世界最大の軍隊を保有している。軍事予算も２０２３年に２２００億米ドルを超え、第１位の米国に次ぐ第２位となっている。軍事ウェブサイト「グローバル・ファイヤーパワー（ＧＦＰ）」の統計分析によると、世界の

図表3-2-3　BBCが報告する中国の7つの主要技術

順位	科学技術	説明
1	5G技術	ファーウェイは世界最大の通信機器メーカーであり、最先端の通信技術である5Gにおける世界のリーダー
2	スーパーコンピューター	「天河」シリーズは、世界のスーパーコンピューターのトップ500内にランクインし続けている
3	人間の遺伝子編集	中国の科学者は宗教、倫理、人権の規範に従わないため、人類の遺伝子研究の分野で徐々にリーダーシップを獲得しつつある
4	人工知能（AI）	顔認識、ビッグデータ監視、その他のアプリケーションで世界の最前線に立つ
5	電波望遠鏡	米国のアレシボ電波望遠鏡（直径約300メートル）を超える世界最大の単開口電波望遠鏡（直径500メートル）を建設
6	量子科学実験衛星	2016年8月、秘密保持や盗聴のためのハイエンド通信技術をテストする世界初の量子科学実験衛星を打ち上げ
7	月探査技術	2019年1月3日、探査機「嫦娥4号」が月のフォン・カルマン・クレーターへの着陸に成功。無人探査機が月の裏側を訪れたのはこれが初めて

出所：2019年にBBCが報道

軍事力において中国は米国とロシアに僅差で迫る世界第3位にランクされている。

海と空の分野では、中国海軍は艦艇の数で世界第1位にある。中国空軍は現在、新世代戦闘機「殲20」の配備を加速させるとともに、空軍の戦闘能力と密接に関係する支援システムや補助装備品の開発にも全力で取り組んでいる。全地球測位と監視に使用される北斗衛星ナビゲーションシステムや空戦管制に使用される空中早期警戒機「空警５００」、電子戦闘機「殲16Ｄ」、電子戦に使用される改造電子戦闘機「運9」、戦闘機の航続距離と制空能力を大幅に延長する空中給油機「運油20」もある。

２つ目は科学技術だ。技術的成果としては、中国は重要かつ先進的な分野で短期間に台頭してきた（**図表3－2－3**）。その多くはコーナーで追い抜くという特徴があり、しばしば一部の段階を飛び越えて急速に進歩している。例えば、中国は電話のない段階から、固定電話の段階を飛び越えてスマートフォンの段階に一気にジャンプした。自動車産業の発展の初期段階から、成熟期を飛び越えて直接、電気自動車（ＥＶ）の段階に入った。

世界のサプライチェーンを支配し、あらゆる分野に経済的影響力を持つ

３つ目は経済的な側面だ。アジア太平洋地域におけるグローバリゼーションと経済統合の流れの下、特に２０１０年代半ば以降、中国のサプライチェーンは徐々に世界経済と貿易において重要な役割を担うようになった。中国の経済力は近隣諸国、さらには世界の経済・貿易に大きな影響を与え始めている。

日本経済新聞の調査によると、２０２０年の世界の主要な財・サービスのうち、調査対象70品目中17品目で中国企業が世界シェア1位となった。これには、移動体通信基地設備、車載用バッテリー、パソコン、リチウム電池用隔膜（セパレーター）、太陽光パネル、大型液晶パネル、中小型液晶パネル、レンズ、国際クレジットカード、タバコ、造船、大型・

中型トラック、原油輸送量、粗鋼、ランドリー機器、冷蔵庫、家庭用エアコンなどが含まれている。

これは中国がエレクトロニクス技術や家庭用品の世界的なサプライチェーンに強い影響力を及ぼしていることを示している。中国が世界のサプライチェーンにおいて徐々に支配的な地位を確立するにつれ、米中間の地政学的・地経学的競争はますます激化し、2018年の米中貿易摩擦の背景となった。

中国はその軍事的、技術的、経済的成果から、各国にとって無視できない存在となり、中国の脅威は地政学的にも各国が注意を払わなければならないものとなっている。

台湾有事の安全保障の盾となる米国と日本

インド太平洋地域のリスクと紛争問題の観点から見ると、米国と日本は依然として中国の地理的安全保障問題を主に扱っているが、それに関わる台湾問題は地政学的・地経学的問題であるだけでなく、中国のリスクの焦点でもある。インド太平洋および東アジアにおける米国と日本の将来の地政学的戦略には、2つの中心的な目標がある。

インド太平洋と台湾海峡の安全を確保するための日米同盟

第1の目標は、自由で開かれたインド太平洋地域に安定した開発環境を構築すること。米国は東アジアの同盟国（日本、韓国、フィリピン）との軍事協力を強化することに加え、さまざまな国際協力メカニズム（インド太平洋経済枠組み、チップ4連合など）を通じて中国の拡大的発展を積極的に制限している。

一方、日本は防衛予算の増額、先制攻撃の制限緩和、日米連携作戦の強化など、外部脅威への対応能力を向上させることを選択した。そして、ハイテク産業のサプライチェーンの再構築、ＣＰＴＰＰの拡大・深化などの経済安全保障を実施した。

第2の目標は、台湾海峡問題に慎重に対処し、第一列島線周辺海域の安全を確保することである。近年、米国と日本は東シナ海と南シナ海における一方的な現状変更に反対し、台湾海峡の平和を重視してきた。台湾の安全保障状況は米国初の列島線防衛だけでなく、日本の海洋ライフラインや南西諸島の防衛と密接に関係しているからであり、台湾海峡で有事が発生した場合、日本に駐留する米軍と日本の自衛隊は必然的に緊急対応措置を講じることになる。

日米同盟に基づく日米安全保障体制は、東アジア、さらにはアジア太平洋、インド太平洋地域を安定させる公共資産と見なされていることは注目に値する。かつて、弾道ミサイル防衛、海上交通防衛、離島防衛は主に米国太平洋軍（現在はインド太平洋軍に改称）が主導してきたが、日本の集団的自衛権の一部容認に伴い、日本の自衛隊もこれらの地域の防衛に重要な役割を果たし始めている。

日本が想定する台湾有事の４つのシナリオ

２０２１年４月16日、当時の日本の菅義偉首相とジョー・バイデン米大統領は会談後の共同声明で、台湾海峡の平和と安定の重要性を初めて強調した。日米両国は、共同声明で１９６９年以来、初めて台湾問題に言及した。

２０２１年12月、日本の安倍晋三元首相が台湾問題について公の場で議論した際、「台湾有事は日本有事であり、日米同盟の有事であることを意味する」と述べた。この主張の提示は各方面で激しい議論を引き起こした。

安倍元首相の見解は日本政府を代表していないとする意見もあり、日本政府も「台湾有事は日本有事」に同意していない。台湾有事は日本有事、は事実に基づくものだという意見もあるが、これは日台平和共同体形成の象徴でもある。一方で、台湾有事は日本有事という言葉は感情的なものだとする意見もあり、日本の戦略構造はまだ定着していない。

かつて、台湾海峡有事発生時に自衛隊は日米共同作戦（戦闘作戦）を計画しておらず、日本の安全保障上の空白の状況が生じた。これに対応して、日本の防衛省は次のような内部仮説シナリオを策定している。

シナリオ１では、台湾で危機が高まった初期段階で、米海兵隊は日本の自衛隊の支援を受けて南西諸島に赴き、攻撃のための一時的な拠点を設置する。

シナリオ２では、中国軍と台湾軍との間で戦闘が発生し、この事態を放置し続けると日本の平和と安全に影響を及ぼす「重要影響事態」が発生すると日本政府が判断する。

シナリオ３では、陸上自衛隊が南西諸島の重要拠点にミサイル部隊を一斉配備する。

シナリオ４では、米軍が南西諸島の軍事拠点にＭ１４２高機動ロケット砲システム（ＨＩＭＡＲＳ）を配備し、日本の自衛隊は弾薬輸送と燃料供給、対潜任務を担当、関連海域の実質的な海上封鎖を実施する。

米日が中国リスクに直面する中、東アジア諸国はどうするか

この仮想シナリオは、中国リスクに対処する際の日米両国の重要な考え方を反映しており、もともと東アジアの安全保障において脇役にすぎなかった日本が、主人公が負うべき責任について考え始めていることが見て取れる。中国の拡張的な軍事思想に直面して、南西諸島は中国の国防軍配備と戦略的軍事行動を封じ込める重要な拠点であると考えられて

おり、その戦略的地位は変化している。

台湾有事は日本有事という議論では、台湾は地政学的地理的位置を表すだけでなく、地経学的な半導体サプライチェーンの関係も表している。これはまた、中国リスクに対応した日米の資源配分、移動方法、貿易ネットワーク、防衛方法も地理的戦略的考え方の変化により変わることを意味している。インド太平洋および東アジア地域の国々にとって、これは無視できない地政学的リスクだ。

特に、インド太平洋地域の地理的空間におけるさまざまな重要な変化は、将来的に世界の政治経済環境に直接波及し、東アジア諸国の安全保障という戦略目標に新たな問題をもたらすことになる。台湾を含む関係国が中国リスクや米中の競争によってもたらされる課題や問題にどのように対応するかは、引き続き注目に値する。

3章　2040年のグローバルな地政学はどうなるか

今後20年で東アジアの地政学的状況は膠着状態になるのか

中国の台頭は世界の地政学に大きな変化をもたらしているが、今後20年間で世界各国の目から見た東アジアの価値はどのようなものになるだろうか。世界情勢のリスクや動向はどうなっているのか。

今後も東アジアが世界の地政学の焦点になると考えられるが、米国は、自身の後を追いかける中国と対峙しており、2大国の競争と協力は世界の将来に影響を与えるだろう。東アジアの主役である中国に加えて、インドや東南アジアなどの中規模諸国も台頭しており、「テクノロジー列島線」である日本と台湾も黙って待っているわけではなく、選択する権利を持っている。しかし、台湾海峡と朝鮮半島との間の紛争は依然として存在する。

米国と中国という選択肢の中で、台湾は決断を下すが、東南アジア諸国はどちら側につくか選択することに消極的だ。この状況下で、予測不可能な「ブラックスワン」が飛び出すのか、それとも誰でも知っている「灰色のサイ」が先に現れて膠着状態を打破するのか。東アジアの新たな地政学的未来に直面して、私たちは楽観的になるべきか、それとも悲観的になるべきか。

米中協力の「２００６年」は終わった

２００６年の世界人口は65億人だった。イラク戦争は3年目に入り、米国はイラクのフセイン大統領の処刑やイラクの新政府樹立支援など、対テロ作戦で一定の進展を見せた。しかし、それは同時にイラクを内戦と紛争に陥らせた。

テロ対策の旗印の下では、米中間の協力の利益が紛争を上回った。中国もこの戦略的機会を利用して経済と軍事力を発展させ、三峡ダムや青海チベット鉄道などの画期的なインフラ建設を完了させ、また米中戦略経済政策を開始した。日本では安倍晋三氏が首相に就任し、同年10月に代表団を率いて中国を訪問し、前向きな対話関係の構築を積極的に目指した。

国際政治と経済の最も優れた専門家でさえ、２００６年という平和に見えた年には、将来の米中対立の包括性と拡大、ロシア・ウクライナ戦争によってもたらされた大きな変化、そして世界のエネルギー構造の変化と半導体技術の重要な役割の変化を予測することはできなかっただろう。そして、これらの大きな問題は現在の私たちの生活に深刻な影響を及ぼしている。

しかし、当時、国際政治経済の将来の方向性を導く、幾つかの大きな傾向がすでに現れていた。これには米国の不動産バブル現象と金融混乱、中国の空母（遼寧号）の研究開発と改造、中国の遠征戦闘能力を備えた外洋海軍戦略計画の推進などが含まれる。バルト三国、スロバキア、ブルガリア、ルーマニアなどロシアに隣接する中東欧諸国も２００４年にＮＡＴＯ加盟国となり、ロシアとＮＡＴＯの間の戦略的緩衝地帯は急速に縮小した。

最大の変数とリスクは中国

２０４０年までに、国際的な政治経済環境はどのように変化するだろうか。注目すべき傾向と主要な変数は何か。人口増加に関する国連の推計、将来のテクノロジーに関する米国の予測、国際関係学者による世界政治の分析から、将来の姿を垣間見ることができる。

まず、世界の発展について。２０４０年の世界人口は90億人に達する。地球規模の気候変動と持続可能な開発の問題は、炭素排出実質ゼロ政策の実施によりある程度緩和されるものの、地球温暖化に伴う災害は依然として各国の経済や社会に影響を与え続けるだろう。インドやブラジルなどの新興大国が世界の5大経済国に加わると予想されている。中国は米国を超えて世界最大の経済大国になる可能性があるが、依然として総合的な国力が最も強い国は米国であり、各国との差は大きいが、米国と中国の差は縮まる。

次に、技術開発の観点からは、水素エネルギーや小型モジュール炉（ＳＭＲ）などの新しいエネルギー源が従来の石油化学エネルギーに取って代わる。したがって、世界のエネルギー地図に大きな変化が生じる。カナダ、オーストラリア、ブラジルなどが重要な水素エネルギー輸出国になることが予想されており、それに伴い地政学的関係も変化することになる。

人間の移動技術や通信技術も画期的な発展を遂げるだろう。ＡＩは、通信技術を通して人間の日常業務の90％以上の処理を支援する。自動運転車と空飛ぶクルマは、人類の主要な移動手段になると予想されている。半導体はますます普及し、社会システム、生活必需品、人体の中まで入り込み、各国が競争する重要な戦略的資源となる。

最後に、国際政治勢力の変化という点では、米国とその同盟国は重要な国際分野での優位性の一部を失うことになる。中国を中心とする新興勢力の新しい国際メカニズム（ＢＲＩＣＳサミットなど）が古い国際秩序（Ｇ７サミットなど）に取って代わると予想される。

情報通信、ＡＩ、半導体を含む米国と中国の間の相互排他的な技術仕様と標準は、グローバリゼーションを2つの異なる陣営の「半球型」経済貿易システムに変えるだろう。半球の経済貿易システムが成熟するにつれ、国際政治・経済における米中間の勢力争いは他国にも直接影響を与えることになる。

以上の発展傾向から、２０４０年の国際政治経済情勢を予測する上で最大の変数は中国であることが分かる。本書の前半で指摘したように、過去1世紀における国際政治の発展を形作った3つの大きな出来事は、第2次世界大戦、冷戦、そして中国の台頭だった。最初の2つの大きな出来事の発生過程と結果は、国際政治のパターンを完全に変えた。現在起きている中国の台頭が、現在および将来の国際政治情勢を変えることは避けられない。

東アジアへのリスク対応、海上ライフラインを確保せよ

２０４０年に中国は国際政治経済にどのような変化をもたらすのか、そして国際政治情勢を変えるためにどのような政策手段を用いるのか。本書では参考となるいくつかの方向性を提案する。

中国が、責任ある大国の平和的台頭を強調するにせよ、世界の発展や安全保障上のイニシアチブを主張するにせよ、現在の両岸関係の枠組みの下では、中国の戦略は台湾にとって重大なリスクである。

リスク分類において、時期として短期・中期・長期、脅威の大きさとして高、中、低に

分ける手法がある。このリスク分類により、中国台頭が東アジアと台湾にもたらすリスクをまとめたのが図表3－3－1だ。

まず東アジアから見ていこう。短期（２０２７年まで）においては、低リスクの脅威として「経済戦略」がある。これには貿易相手国への輸入障壁の確立や戦略物資の輸出制限などが含まれる。中リスクの脅威は「サプライチェーン対立」だ。中国はハイテクサプライチェーンにおいて米国、日本、韓国と対立しており、東アジアの製造業にリスクをもたらす。高リスクの「シャープパワー」は、中国がネットワーク技術を利用して認知操作や情報操作を行い、それによって東アジアの民主主義国の政治に影響を与えることを指す。

中期（２０３５年まで）では、低リスクの脅威として「強力な外交」がある。これは、東アジアの安全保障問題と台湾問題を指す。中国は外交の場で口論するというこれまでの「戦狼外交」を翻し、相手国の降伏に向けてさまざまな政策手段を使おうとしている。

中リスクの「高度軍事技術」は、中国が１９９０年代に国防の近代化を積極的に推進し始めたものを指し、２０３０年以降は無人航空機、極超音速ミサイル、電子通信、航空宇宙、量子コンピューターなどの分野で軍事技術の主導権を確立することになる。高リスクの「三海封鎖能力」とは、南シナ海、台湾海峡、東シナ海を同時に封鎖する中国の能力を指し、いつでも周囲の海を内海に変えることができ、東アジアの海洋ライフラインに直接影響を与えることができるという脅威である。

図表3-3-1　東アジア・台湾における中国台頭のリスク

時期	エリア	低リスク	中リスク	高リスク
短期～2027年	東アジア	経済戦略	サプライチェーン対立	シャープパワー
	台湾	貿易障壁	ハッカー攻撃	認知作戦
中期～2035年	東アジア	強力な外交	高度軍事技術	三海封鎖能力
	台湾	経済統一戦線	軍事演習の常態化	選挙干渉
長期～2040年	東アジア	世界一の経済大国	南北対立	武力による領土解決
	台湾	文化統一戦線	外交圧力	武力による統一

長期（２０４０年まで）では、低リスクは中国の経済成長である。２０２２年の中国のＧＤＰは18・１兆米ドル超だったが、同時期の米国は25・５兆米ドル超であり、中国の１・４倍もある。しかし、２０４０年までに中国のＧＤＰは米国を超える可能性があり、この経済力の成長は中国の戦争遂行能力と意図に影響を与えるだろう。

中リスクの「南北対立」とは、北半球の先進国で構成するＧ７と、新興国で構成するＢＲＩＣＳとの間の対立を指し、発展、エネルギー、貧困、人権などの主要問題で国家間の意見が分かれる可能性がある。高リスクの「武力による領土解決」とは、台湾問題とその周辺の領土紛争を解決するために武力を行使する中国の能力獲得とその意図を指す。

中国の台頭が台湾にもたらすリスクとは

同様に、中国の台頭が各段階で台湾にもたらすリスクは次のようになる。

短期（２０２７年まで）では、低リスクの脅威は「貿易障壁」となる。中国は検疫やラベル表示などの理由で台湾製品の中国市場への参入を禁止する。中リスクの「ハッカー攻撃」とは、中国のサイバー部隊とハッカーが台湾の社会システムに侵入し、台湾の政治、経済、社会活動に関する重要な情報をコントロールすることを指す。高リスクの「認知作戦」では、中国が台湾人の思考と行動を変えるために複数の技術と手段（情報、金融、アイデンティティーなど）を利用し、それによって台湾内で衝突を引き起こす。

中期（２０３５年まで）では、低リスクの脅威は「経済統一戦線」だ。中国は台湾の特定の地域、民族、産業をターゲットにし、経済的手段を用いて脅し、政治目標を達成するように誘導するだろう。中リスクの「軍事演習の常態化」は、中国が軍事力を誇示して台湾、日本、米国に圧力をかけ、台湾の防衛スペースを圧迫する手段である。高リスクの「選挙干渉」は認知操作の結果に基づいており、台湾の民主選挙の結果に影響を与え、台湾は不当な条件で中国との政治交渉を強いられる。

長期（２０４０年まで）では、低リスクの脅威は「文化統一戦線」だ。中国は親台湾政策と文化宣伝の強度と範囲を拡大し、引き続き「中華民族の偉大な復興」と中国人のアイデンティティーを利用して台湾の一国二制度化を推進していく。

中リスクの「外交圧力」は、急速に増大する中国の国力を利用して台湾の外交空間をあらゆる面で圧迫することである。高リスクの「武力による統一」とは、中国が国力で米国を上回り、依然、統一の歴史的大義を完遂しようとしており、台湾問題が平和的に解決できないと考えている場合に、統一促進のために武力行使を選択することを意味する。

台湾にとって、さまざまなレベルと種類の中国リスクを明確にし、その影響を包括的な視点からどのように見るかが、台湾の地政学的思考の鍵となる。したがって、低レベルのリスクの影響を無視したり、高レベルのリスクのみに焦点を当てたりすることはできない。

東アジアは華麗に転身したが、今後はどうなるのか

過去1世紀にわたり、欧州と米国では、時代ごとに東アジアについて異なる認識を持ち、世界各国が東アジアの価値を判断する基準を決定してきた。19世紀半ば以降、欧米諸国にとって東アジアは近代化されていない資源と労働力の供給源であった。第2次世界大戦後、東アジア諸国は植民地と宗主国の関係を脱し、米ソ対立の冷戦体制に組み込まれた。この時期、東アジアは冷戦対立の最前線と見なされ、世界中の国々の目からは、共産主義を封じ込める地理的位置であるということが東アジアの主な価値だった。１９９０年代までは、平和の配当とグローバル化の流れの中で、東アジアは世界経済発展の機関車と見なされて

いた。

２０２０年代に入って、東アジアは世界各国の目にどう映るのか。東アジアの将来像を分析する前に、次の３つの前提条件を明らかにする必要がある。

前提１：グローバリゼーションは今後も発展していくのか

２０１０年以前は、アジア金融危機と世界金融危機が相次いで発生したにもかかわらず、国際社会は依然として世界貿易機関（ＷＴＯ）や平和の配当（冷戦終結）を通じてグローバリゼーションを不可逆的なプロセスと見なし、世界経済の高度成長を生み出した。「国際分業」「多国籍企業」「世界市場」は多くの人にとってなじみのある概念となり、高品質・低価格に慣れた消費者はグローバリゼーションの進展を当然のことと受け止めていた。

米国にとって、１９８０年代以降のグローバリゼーションの推進は、本来、自国の価値観に合致した自由貿易体制を構築し、国益を最大化することを目的としたものであった。しかし、その安全保障戦略と外交政策の選択の結果、米国は中東での紛争に陥り、グローバリゼーションの果実を享受する機会を逸した。

中国はこの戦略的機会をうまく利用し、グローバリゼーションの推進の下で経済的影響力を急速に高めた。２０１６年になって初めて、米国は中国の経済的台頭を直視し、中国がグローバリゼーションの恩恵を独占的に享受しているとして、米国の貿易利益を守るために中国に一方的な経済制裁を課すことを決定した。

その後、米中貿易摩擦は激化し、技術研究開発とサプライチェーンの対立に発展し、グローバリゼーションの下、比較利益の法則と専門分業の必要性に基づいて発展した一部のサプライチェーン、特に半導体産業に関連するサプライチェーンは、生産場所、取引先、市場の選択に直面することとなった。また、ＡＩや次世代通信などのハイテク分野においても、米中対立により異なる技術規格や製品仕様が形成されている。

近い将来、米中両国はインフレや景気後退など貿易摩擦による経済的損失を回避するため、グローバリゼーションの軌道に戻り、自由貿易体制の規範を確立する可能性がある。この方向に発展すれば、米国は再び新たな世界的な自由貿易体制を主導し、世界の経済・貿易分野で主導的な役割を果たし続けることができる。中国も経済封じ込めの苦境から脱却し、将来米国と競争する力を蓄えることができる。

逆に米中貿易摩擦がひとたび起きると、対象はハイテクサプライチェーンから一般品のサプライチェーンへと拡大する。世界は米国、日本、欧州を中心とする自由民主主義先進国の経済貿易陣営と、中国とロシアが主導する非西欧発展途上国の経済貿易陣営の２つに大きく分かれることになる。その結果、国際政治経済情勢はグローバリゼーションの段階から「半球化」段階に移行することになる。

前提２：中国の政治経済発展は大きな変化に遭遇するのか

中国は２００１年にＷＴＯに加盟して以来、急速な経済成長を遂げ、たちまち日本を追い抜き世界第２位の経済大国となった。ただ、中国の急速な経済発展は西側諸国が期待していたような政治的民主化改革には至っておらず、イデオロギーに加えて、経済、技術、金融を総合的に管理する権威主義社会となっている。厳格なネットワーク管理や顔認証、ＡＩの発展に基づく社会信用システムなどで、政府による社会管理強化を図っている。

２０１８年以降、中国経済は内向きには労働賃金や土地価格などの生産要素の上昇、内需市場の不足などの影響を受け、対外的には米国の警戒や対抗措置などの影響を受けて、経済成長が大幅に鈍化した。

今後20年間、中国経済は21世紀初頭のような高度成長を維持するのは難しいというのが一般的な見方だ。中国はすでに巨大な経済大国であるため、２０００年代の10%、２０１０年代の７％という平均経済成長率を維持し続けることは困難な課題である。

今後20年、中国が成長するという意見では、教育投資、農業改革、技術革新、デジタル管理、内需変革などへの政策支援が行われ、これが成長に寄与するというものだ。この意見では、成長率は鈍化しているものの、４～６％程度の成長率は維持できるはずだとする。

中国は今後もその強力な経済力を利用して対内的には社会統制を深め、中国共産党政権を維持し、対外的には大国としての影響力を発揮し、東アジア、さらには世界の政治、経済、安全保障の課題を支配するとする。

これに反対の意見を持つ人たちもいる。人口ボーナスを失った中国経済は、今後20年間で景気衰退に陥り、経済成長を続けることはできなくなるとしている。国際的な政治経済環境が安定していれば、政策規制を通じて経済停滞の影響の軽減や、停滞解消のための景気刺激策を計画・実行できる。だが、国際的な政治経済の変動期において、金融危機などの特定の緊急事態の発生が中国の経済衰退に直結する場合、この経済衰退は一時的な不況ではなく、構造的な不況となるとする。中国の経済不況は、共産党の社会制御能力と対外的影響力に直接影響を与えることになるという。

前提3：両岸関係に大きな転換点は訪れるのか

領土保全に対する中国の揺るぎない決意と国家主権に対する台湾の主張が、両岸関係を決定する鍵となる。海峡交流が始まった１９８０年代後半以降、台湾の視点から両岸関係を見ると、経済・貿易の相互作用はますます緊密になる一方、心理的な距離はますます遠ざかるという明らかな傾向が見られる。

中国にとっては、中国の国力の急速な向上と台湾が中国から離脱することへの危機感が高まっていることから、「統一の大業」を完遂することは、もはや次世代の指導者の仕事ではなく、この世代の指導者の使命であり任務である。しかし、台湾にとっては独立と現状維持が将来の選択肢であり、統一の（あるいは統一される）可能性は排除されている。しかし、中国の武力の脅威に直面して、台湾は米国やその他の関連国の支援に依存するだけでなく、中国との一定の対話関係を維持しなければならない。

中国の反国家分裂法と台湾国防部の『中国の軍事力に関する報告書』によると、今後20年間に台湾海峡の平和と安定が維持されるかどうかは、次の変数に依存する。

1つ目は、台湾が独立を宣言するかどうか、つまり憲法制定（中華民国からの分離）や憲法改正（領土、国旗、国歌の変更）などの法的形式を通じて独立を達成するかどうかだ。2つ目は、米国による台湾の内政干渉や台湾駐留米軍などの外国勢力の介入だ。最後の変数は平和的統一の可能性が完全に失われることで、これは中国が武力行使以外の手段では国家主権と領土保全を守ることはできないと考えていることを意味する。

これらの変数のうち、台湾が独立を宣言するかどうかは台湾に依存し、外国勢力が台湾問題に干渉するかどうかは米国に依存し、平和的統一の可能性がなくなるかどうかは中国に依存する。台湾にとって、台湾独立を法定するリスクは高すぎるため、国際環境に劇的な構造変化がない限り、台湾独立を性急に宣言することはないだろう。米国にとって、緊密な台米関係を維持し、台湾海峡の安全と安定を確保するために、台湾に米軍を駐留させる必要はない。

つまり、両岸関係に大きな転換点が訪れるかどうかについては、依然として中国の認識次第である。中国国内に大きな政治的、経済的変化がなければ、共産党政権は平和的統一の希望がまだ存在すると信じており、統一という目標を達成するために米国と外交競争を繰り広げ、台湾との対話を模索するだろう。台湾は現状を維持し、米国、日本、その他の国々と緊密かつ友好的な関係を維持し、国際社会における主権を確立することができる。逆に、中国国内で大きな経済危機や権力闘争が発生した場合、中国の国家指導者や支配層は国民の求心力を結集したり、国民の不満をそらしたりするために、民族統一の偉業を達成するための積極的な行動をとり、台湾を武力で攻撃する可能性がある。

米中対立の果てにハッピーエンドは訪れるのか

一般に、価値観、経済貿易制度、科学技術水準などの対立が激化する２０２０年代においては、各国のナショナリズム感情は、国際政治経済のさまざまな問題に炎のように広がっている。

比較的楽観的なシナリオは、米中対立が緩和し、中国が金融秩序の安定化に努め、新たな経済成長の勢いを模索しながら緩やかに成長する「新たな経済常態」への適応に努めるというものだ。同時に、中国はナショナリズムを動員する統治の考え方を減らし、人々の生活を改善し、すべての人々が中流階級の生活水準に到達できるようにし、中国の新しい統治モデルを確立することに重点を置く。対外関係では、「能力を隠し、力を蓄え、変化を起こす」という路線に立ち返り、台湾との安定した双方向関係を維持し、責任ある大国としての中国の国際イメージを形成する。

比較的悲観的なシナリオは、米中関係が日に日に悪化し、東アジア地域が完全に敵対する2つの陣営に分裂するというものだ。中国、ロシア、北朝鮮が支配する陣営と、米国、日本、韓国、台湾が支配する陣営となる。東南アジア諸国は中立の立場をとっており、両陣営間の紛争に関与することを望んでいない。

両陣営の激しい競争と対立の過程で、台湾は急速に日米陣営に押し込まれ、実質的な安全保障協力に参加することになるだろう。台湾を永久に失うことを避けるために、中国は必要な非平和的措置を講じ、場合によっては武力攻撃も行うだろう。

ひとたび台湾に有事があれば、中国と激しい競争を繰り広げる米国と日本は台湾海峡を挟んで戦争に巻き込まれ、東アジア、さらには世界の安全と安定にこれまでにない影響が及ぶことになる。

「ブラックスワン」と「灰色のサイ」、どちらが先か

国際金融分野では、重大なリスク、脅威、危機を説明するために「ブラックスワン」と「灰色のサイ」がよく引用される。その後、国際メディアはこれを、まだ起こっていない、またはすでに起こった主要な国際政治的および経済的危機の比喩としてよく使用するようになった。

ブラックスワンとは、発生確率が極めて低いため予測が難しいものの、最終的には必ず発生する重大な影響を与える出来事を指す。例えば、２００１年9月11日のテロ攻撃や新型コロナウイルス感染症の世界的なパンデミックなどだ。灰色のサイとは、地球規模の気候変動、世界規模の金融危機など、明白で発生率が高いにもかかわらず、過小評価されたり長い間無視されてきたりする既存の重大な脅威を指す。

中国の政治経済的変化は東アジアのブラックスワン

２０２３年、中国政府はブラックスワンと灰色のサイに加えて、米中関係の問題を説明

するために、3番目の動物、「道を妨げるトラ」を使用した。それはちょうど道路を横切るトラのように、前に進む途中の困難や障害を意味する。

米中関係における障害は、中国の内政への干渉、中国の主権と領土保全への損害、そして中国の経済、貿易、技術に対する弾圧と制裁である。このため中国外務省は、双方が「灰色のサイを断固として阻止し、ブラックスワンに適切に対処し、障害を完全に除去する」ための具体的な行動をとる必要があると強調した。

東アジア情勢を分析する際、道を妨げるトラという概念は二国間関係、あるいは特定の戦略に対する問題や障害に属する。これに対して、広く使用されているブラックスワンや灰色のサイという概念は、東アジアの現状を打破する要因を研究し、２０４０年の東アジアの姿を予測するのに適している。

今後の東アジアの発展において、中国の政治経済的変化はブラックスワンとなるだろう。政治的な観点から見ると、中国は過去30年間、２つの柱に基づいて急速な経済成長を遂げてきた。

その柱の1つは集団指導体制であり、中国共産党中央政治局常務委員会が国家的決定を下し、集団または組織全体が意思決定の結果に責任を負う。集団指導体制は多様な意見を適度に許容し、権力の高度な集中を防ぐことができる。もう1つの柱は国家主席の任期制で、国家主席の再選は1回限り（任期は計10年）で、政治局常務委員会の「七上八下」を組み合わせた任期制である。つまり、67歳なら続投、68歳で退任する慣行は、権力の移譲と政治システムの安定した運営に役立つ。

しかし、習近平氏は在任中、中国共産党の権力移譲メカニズムを変更し、中央集権化（というより正確には私物化）し、もともと中国の政治的、経済的安定を支えていた柱を破壊した。その結果、中国の社会システムの透明性はますます低下し、政治的、経済的動向と軍事的、外交政策の予測はますます困難になっている。

冷戦時代、中国は政治が不透明で政策の予測が困難であったにもかかわらず、世界にほとんど影響力を持たず、あまり注目もされなかった。現在、中国は依然として不透明で予測不可能だが、その巨大な影響力により、多くの人々は中国が将来もたらすかもしれない脅威を懸念している。

特に権力が集中している中国では、次の世代の指導者が権力を引き継ぐ際に、いつ党内で激しい権力闘争が起こるか分からない。権力闘争の過程で、中国指導部が台湾海峡の現状に対応して積極的な軍事的・外交的行動をとり、東アジア諸国を紛争の渦に引き込む可能性があることは明らかだ。

東アジアは中国の影響から逃れられない

経済の観点から見ると、中国の金融と経済は現在多くの問題に直面している。国内市場の縮小や産業変革など、他国が直面する共通の課題もあるが、中国特有の課題もある。例えば「国進民退」（国有企業が市場に参入し民間企業が撤退）は市場の失敗につながり、不動産バブルが金融システムの崩壊につながる。

経済・金融の安定は社会の安定と密接な関係があるため、安定の維持を核心的利益とする中国政府は、現在の苦境を慎重に乗り越えようとするはずだ。おそらく近い将来、中国はある種の金融危機の影響を受け、国内の住宅市場バブルが経済崩壊につながる可能性がある。東アジア諸国と世界経済は、次のような影響を受けるだろう。

第1の影響は地域貿易の縮小。中国は東アジア最大の貿易相手国の1つであり、中国経済が崩壊し輸出入が減少すると、東アジア諸国の経済に悪影響を及ぼす。東アジアの地域的な包括的経済連携（ＲＣＥＰ）、アジアインフラ投資銀行（ＡＩＩＢ）、上海協力機構（ＳＣＯ）など、中国が参加する地域経済協力にも大きな変化をもたらす。

第2はサプライチェーンの混乱。多くの多国籍企業が中国に生産拠点を置いているが、中国経済が危機に陥った場合、生産やサプライチェーンの混乱が生じ、東アジア全体のサプライチェーンに影響が広がり、主要な材料や部品の供給中断や供給不安定につながる可能性がある。

第3は資本の流れの遮断だ。中国経済の崩壊は国内資本の流出を引き起こし、他の東アジア諸国の金融市場の安定に影響を与えるだろう。欧州や米国の投資家は、より安定した投資機会を求めて東アジアを離れることを選択する可能性があり、その結果、現地の金融システムに悪影響を及ぼす可能性がある。

第４は地政学的不安定。中国経済の崩壊は、特に中国と日本、インド、フィリピンなどの近隣諸国との間に紛争がある場合、地政学的な混乱を引き起こす可能性がある。それが地域の安全保障リスクの増大につながり、東アジア全体の安全と安定を脅かすかもしれない。

無視された軍拡競争という灰色のサイ

今後の東アジアの発展においては、軍拡競争は灰色のサイとなるだろう。東アジアにおける軍拡競争は常に存在しており、その主な推進要因は中国軍の技術の進歩にある。中国は１９８０年代に国防近代化を政策目標に掲げ、経済成長とともに近代的な海空軍の創設や新兵器の開発など積極的な軍事力の拡充を行った。もう１つの推進要因は米軍の存在だ。

中国の軍事的脅威に対抗するため、米国は日本と韓国に一定の軍隊を配備し、同盟国と協力して軍事力の向上に努めてきた。日本を例に挙げると、近年、軍備の継続的な更新・改修、新たな兵器システムの導入、軍隊の機動性・戦闘能力の向上を行っている。防衛予算も年々増加し、より多くのハイテク武器と装備を購入し、軍事インフラを改善している。安全の確保に関する法律の改正により、国際平和維持活動や地域防衛活動にさらに幅広く参加できるようになった。

東アジアの主要関係者は、軍拡競争が誤算や誤解を増やし、相互信頼を低下させ、不必要な緊張の高まりにつながる可能性があることを理解している。さらに、軍拡競争に参加している国々は多くの場合、戦略的資源を確保する必要があるため、半導体などの他の重要な分野でも激しい競争を繰り広げている。

しかし、国家影響力の強化や国家安全保障の確保という名目で、東アジア諸国は依然として軍事予算と国防予算を毎年増額している。２０２３年の国防予算ランキングによると、1位が米国で８５８０億米ドル、2位が中国で２２４９億米ドル、4位がインドで７３０億米ドル、日本は５１０億米ドルで8位、韓国は４５２億米ドルで10位にランクされている。

経済成長が続く中国では２０４０年までに、国防予算が米国を超えて世界最大となる可能性がある。米国、中国、日本、韓国といった軍事大国が集結する東アジアでは、相互不信の状態でひとたび軍事摩擦が発生すると、地域全体を巻き込んだ大規模な戦争に発展する可能性が極めて高い。

その中で、朝鮮半島問題と台湾海峡問題は、灰色のサイが衝突する引火点となる可能性がある。朝鮮半島の地政学的不安定と核兵器問題、さらには北朝鮮政権の予測不可能性は、東アジアの安全保障に重大な脅威をもたらすだろう。

中国は台湾に対する主権を主張し、台湾に向けて大量の軍隊とミサイルを配備しており、台湾統一に向けた武力行使を放棄していない。台湾は自国の安全を維持するために軍事防衛能力を強化し続け、最新兵器システムの購入や軍事訓練の改善など、米国との安全保障協力を維持している。また、半導体は技術兵器として重要な役割を果たしているため、台湾と韓国の高度な半導体製造能力も、台湾海峡と朝鮮半島の間の紛争の新たな火種となる可能性がある。

将来的には、東アジアに影響を与えるブラックスワン現象の兆候がいくつかあるかもしれないが、それを予測するのは難しい。しかし、それが一度発生すると、東アジアの政治経済力学が急速に変化する可能性があるため、東アジア諸国はまれなブラックスワン現象（中国の政治経済変化など）に注意を払い、自国の対応力（防衛力など）を積極的に強化する必要がある。対応戦略を策定し、地域の安全と安定を確保する時間を稼ぐために、灰色のサイの課題（軍拡競争の激化など）に細心の注意を払うことがさらに必要である。

東アジアの新たな地政学的思考と戦略的青写真

東アジアの将来の姿は、中国の政治経済変動というブラックスワンと、軍拡競争という灰色のサイによって影響を受けるだけでなく、今後の日本の軍事動向やインド、ＡＳＥＡＮ諸国の外交戦略も注目に値する。

２０２７年には日本の防衛予算はＧＤＰの２％に増加し、１０００億米ドルを超え、世界で3番目の防衛予算を持つ国となる。さらに、２０１５年に成立した「安全保障法関連法」は、日本が本来の個別的自衛権から集団的自衛権へ移行することを可能にし、自衛隊の範囲と能力を拡大した。特定の条件下で同盟国との軍事作戦に参加することも認めた。

日本は軍事力を取り戻し、再び地域覇権国となる

日本の関連法によれば、日本が武力攻撃を受けた場合、それは武力攻撃事態となり、自衛隊は個別的自衛権を行使し、直ちに防衛を開始し、敵基地を攻撃することができる。しかし、日本本土が攻撃されておらず、自衛隊による集団的自衛権を行使したい場合には、

３つの具体的なシナリオを満たさなければならない。

　１つ目のシナリオは「国際平和共同対処事態」、つまり２０１９年のホルムズ海峡でのイランによる外国籍の石油タンカー攻撃のような危機が発生した場合、日本の自衛隊が連合軍の行動を支援できるというものだ。後方支援や船舶検査の任務を遂行することはできるが、戦闘作戦には参加できない。

　２つ目のシナリオは「重要影響事態」であり、日本がこの事態を想定する場合、主に対応するシナリオは朝鮮半島や台湾海峡の危機の可能性である。

　つまり、日本がそれに対処しなければ、周辺地域と日本の海上ライフラインとの間で深刻な軍事的緊張や武力紛争が発生するなど、重大な危機が日本の安全を脅かす可能性があり、日本の物資供給に深刻な影響を与える可能性がある場合だ。米国や他の同盟国がこれに応じた場合、日本は後方支援、船舶検査、地雷除去などで同盟軍を支援し、紛争地域に出入りする軍用機や民間航空機を保護し、同盟国に日本国内の軍事施設を提供することができる。しかし、依然として戦闘作戦への参加は許可されていない。

　３つ目は「存立危機事態」で、日本の重要な同盟国が攻撃され、日本が存立危機に陥った場合、自衛隊は合法的に武力行使や戦闘行動に参加できる。

　日本の法律には、事件の重大さゆえに、この状況の成立に厳格な要件が定められており、その中には、日本政府が国の存亡が脅かされているということを証明しなければならないこと、日本政府が他の対応手段を尽くさなければならないこと、武力行使を最小限に抑えるべきことが含まれている。台湾海峡で紛争状況が発生し、米国が防衛支援のための派兵を決定した場合、日本はこれを「存立危機事態」と見なし、戦闘作戦に参加する可能性がある。しかし、日本国憲法第9条の制約により、自衛隊が海外での軍事行動に参加することは、日本国内で大規模な意見対立を引き起こすことになる。

２０４０年の日本は強力な軍事力を有しており、安全保障関連法の緩和により自衛隊の活動範囲や任務も大幅に拡大していることが予想される。日本が憲法改正に着手するかどうか、軍事力を外交的影響力に転換できるかどうか、国内で日本の強力な軍事路線が支持され続けるかどうか、そして日本の軍事力増大に対して近隣諸国がどのような態度や対抗措置をとるのか。これらはすべて、日本が将来、東アジアの安定したプレーヤーになるか、それとも地域の安全保障における軍事的覇権国となるかに影響を与える要因になる。

インドと東南アジアが台頭、どちら側を選ぶことも拒否

台湾から南に位置する、インドや東南アジア諸国の台頭も国際政治・経済に大きな影響を与える。地政学的な影響力という点では、ＡＳＥＡＮは東アジアとインド太平洋地域における安全保障問題や潜在的な紛争に対してより大きな影響力を及ぼすことになる。イ

ンドが参加するＢＲＩＣＳと「自由で開かれたインド太平洋」（ＦＯＩＰ）は、地域および国際情勢において主導的な役割を果たすことが期待される。

経済効果という点では、インドや東南アジア諸国（インドネシア、ベトナム、シンガポール、マレーシアなど）は急速な経済成長を遂げており、将来的には世界経済の主要なプレーヤーとなるだろう。サプライチェーンで重要な役割を果たすことに加えて、米国と中国の間で進行中の貿易システムでも重要な仲介役を果たすことになる。

地域の安全保障への影響という点では、インドと東南アジア諸国は地理的に重要な位置を占めており、その持続的な経済発展は経済混乱や政治的不安定のリスクを軽減し、地域の安定を維持するのに役立つ。

さらに、インドと東南アジア諸国間、およびインドとその他の重要国間の軍事・安全保障協力により、テロ、海洋安全保障、気候変動、大規模自然災害などのリスクや課題に共同で対処することで、地域紛争の可能性を減らすことができる。

一方で、インドや東南アジア諸国の台頭により、安全保障問題に関して中国との程度の差はあれ競争が生じる可能性がある。中国と米国の構造的対立を背景に、インドと東南アジア諸国は中立的な態度をとり、重要な問題に影響力を行使する傾向がある。

北極海の開放でロシアの地位が向上

東アジア以外の地域でも、将来発展する地域が生まれ、東アジア地域や国際情勢に影響を与える。

地球温暖化により北極の氷面積が減少し、夏の間、北極海の一部で航行可能になる。これは欧州と東アジアの間の地理的距離の短縮をもたらす。

欧州から東アジアまで、従来の喜望峰航路やスエズ航路を利用する必要がなくなったことを意味し、海運会社はより近くてより速い北極海ルートを活用できるようになる。オランダのアムステルダムから日本の横浜港までのルートを例に挙げると、喜望峰ルートの全長は約１万４０００カイリ、約２万６０００キロメートルに相当する。スエズ運河ルートの全長は約１万１０００カイリ、約２万キロメートルである。これに対して、北極海ルートの全長は約７０００カイリ、約１万３０００キロメートルだ。気候、コスト、安全保障上の理由から、一部の国は将来、潜在的な紛争地域では南シナ海を迂回し、北極海ルートを選択する可能性がある。

北極地域には石油や天然ガスなどの膨大なエネルギー資源があり、北極の氷が溶けることで北極から欧州や東アジアへ資源を輸送しやすくなるため、この変化は世界のエネルギー市場におけるロシアの影響力を強化することになる。

もちろん、北極地域の戦略的地位の向上は、世界の地政学的状況に新たな複雑な要因を生み出すことになるだろう。ロシア、カナダ、米国、デンマーク、中国、日本を含む各国には、北極地域の主権と資源を巡ってさまざまな立場や紛争があり、新たな地政学的な緊張を引き起こすだろう。

ロシアの国力の今後の発展も地政学に影響を与える変数である。上述の北極海ルートの開設により、エネルギー市場におけるロシアの影響力が強化される一方で、ロシア・ウクライナ戦争の泥沼に陥ったロシアは、西側諸国の経済封じ込めや戦費の支出が続くことで国力が低下する可能性がある。

ロシアが国力の低下に直面すれば、他の国々がその地位を補おうとして地域的および国際的な競争を激化させるだろう。さらに、ロシアは世界最大の天然ガス輸出国の1つであり、その国力が低下すると、世界のエネルギー市場の供給と価格に影響を及ぼす。

貿易和平を優先し、台湾・北朝鮮問題は棚上げ

新自由主義的な国際政治経済学者が、グローバリゼーションの発展により国家間の経済的相互依存が高まり、それによって戦争遂行コストが増大すると主張していることは注目に値する。この貿易和平理論は、貿易と経済の相互作用が国際紛争を軽減し、国際平和を

強化するのに役立つことを強調する。しかし、こうした論評はこれまで特定の状況下では一定の実現可能性を持っていたが、将来の新たな地政学的・戦略的状況下ではいくつかの限界が生じることになる。

具体的には、地政学的要因、経済安全保障、貿易不均衡などによって貿易和平理論が通用しなくなる。一部の国は、国家安全保障の確保、領土の拡大、国家主権の保護などの地政学的目標を追求するために経済的利益を犠牲にする可能性がある。さらに、貿易は国際的な軍事紛争を減らすのに役立つかもしれないが、非伝統的な紛争、特に技術競争、サプライチェーン競争、経済安全保障に関連する情報戦争を必ずしも防ぐとは限らない。最後に、貿易不均衡は経済不平等を悪化させ、一部の国で不満を引き起こし、国際的な政治的および社会的混乱を引き起こし、さらには大きな外交紛争を引き起こすことさえある。

一般的に、今後20年間の国際政治は、東アジアを主な拠点として米国と中国の競争を中心に展開し続けるだろう。地政学的観点から見ると、東アジアという舞台では２０４０年までの主役は依然として米国と中国となるだろう。

東アジアという地政学的な舞台で繰り広げられるドラマは、もはやグローバル化の下での米中の覇権競争ではなく、サプライチェーンの分断の下での中国、米国、日本、ＡＳＥＡＮ諸国の競争と協力関係である。この新たな地政学的状況において、台湾海峡と朝鮮半島は依然として紛争のホットスポットとなっている。しかし、東南アジアやインドの台頭により、紛争のホットスポットとして注目する国の数は増加した。こうした新たな変化に直面して、対応するには新しい地理的考え方を採用する必要がある。

4章　地政学的な「オリエンタリズム」を超えて

地政学的棋局の棋手と駒は誰か

地理的戦略について議論するとき、西洋諸国は地理的位置が盤面であり、国が駒であるとする棋局の比喩を使うことを好む。西洋人が考える棋局の多くはチェスだ。チェスの序盤（配置）では、まず中央の4マスのエリア（戦略的位置）を制圧し、駒同士が反応できるように要所を占領し、攻防が始まる。相手のキング（核心的利益）を破壊して全体的な勝利を達成することが、チェスの戦術的な目標である。

この例えを東洋諸国では囲碁で考える。囲碁は隅を取り、盤面の攻防に入り、最後に盤上の中央（中陣）を制する。囲碁の達人は、碁盤上の空きスペースを占領することで相手の戦略的可能性を徐々に侵食し、戦略的包囲を使用して小さな勝利を積み重ねて大きな勝利につなげる。これが囲碁の戦略的目標である。

西洋諸国は常に自らをチェスプレーヤーであると見なして、世界の地理的環境をチェス盤として使用し、東洋地域はチェスの駒であると見なしてきた。チェスプレーヤーは戦略的思考を駆使してチェスの駒を配置し、盤上での優位性とゲームでの勝利を目指す。こうした西洋中心主義の考え方により、地政学において幽霊が出る。「オリエンタリズム（東方主義）」という幽霊だ。

しかし、東洋の大国の台頭や中規模国の出現により、ゲームは変化し始めた。これらの駒がコーナーをつかみ始め、戦略的優位性を獲得し始めた。これらの発展は世界の地政学的な状況を変えるだけではなく、西洋諸国にも影響を与えた。

冷戦後、東アジアは依然として地政学的な紛争のホットスポットであるが、東アジアの覚醒はそれぞれの核心的利益を明らかにしただけでなく、自らにとってより有益な戦略的道筋を見つけようとしている。この地において、戦略的価値が最も高い台湾は４００年以上にわたる変革を経て、今後どのような方向に向かうのか。未来に直面して、自身の道を見つけるためにどのような交渉のヒントと勝利のチャンスがあるのだろうか。

西洋の固定概念に満ちた東方主義

18世紀に入ると、欧州は大航海時代の天文地理知識を継承し、中東やアジアに赴き大規模な植民地化、貿易、探検活動を行い、東洋社会と接触し始めた。この接触により、西洋諸国はこれらの地域の文化、歴史、宗教、習慣に興味を持ち、学者、旅行者、芸術家、政治家が東洋地域を研究し記述し始め、東洋の特徴を理解して解釈しようとした。

これに関して、中東出身の米国人学者エドワード・サイードは、東洋文化に対する西洋文化の特有の視点や解釈を指す、オリエンタリズム（東方主義）という概念を提唱した。

西洋の解釈の中には、文化、宗教、芸術についてロマンチックな想像力を持っているものもある。西洋の文学、映画、芸術作品において、アジアはさまざまな幻想と神秘的な要素に満ちた場所であり、東洋の女性は抑圧され、沈黙し、従順で、救済や解放を必要とする対象として描かれている。初期の頃、西洋は東洋に対して西洋中心の見方をする傾向があり、西洋文明の高貴さ、進歩と比較して、東洋は異なった野蛮で後進的なものと見なされていた。

西洋思想は東洋の多様性と進歩を無視する

21世紀に入ってからは、中東のテロリズム、アジア諸国の経済的ステレオタイプ、中国に対する古い歴史のステレオタイプが、新たな東方主義となった。例えば、西洋諸国は中東をテロの温床と見なす傾向があり、中東における多様な文化的、宗教的、政治的観点を無視して、すべての中東人またはイスラム教徒をテロリストの予備軍と見なしている。

さらに、グローバル化の過程で西洋諸国もアジアを安い労働力の供給源と見なしたり、その経済成長を低賃金と不当競争に帰したりする傾向がある。この固定観念はアジア地域の複雑な経済の現実と、世界経済におけるこれらの国々の多様な役割を無視している。

最後に、西側の世界観では中国は歴史が古く、静的、伝統的な国として描かれることが多く、現代中国の急速な発展と近代化のプロセス、また科学技術、ビジネス、文化の分野における中国の影響が無視されている。

いわゆる西洋思想は、国際政治における帝国主義と密接な関係にある。19世紀には、植民地支配や帝国主義の拡大などの帝国主義的行動を支援するために西洋思想が使用された。西洋諸国は文明と近代化の名の下に東洋を支配し、国家間の競争と対立の場と見なして地理戦略的配置を行っていた。西洋諸国間の競争から派生した地政学的理論は、当然ながら西洋中心主義の別の形態である。

文化、文学、社会学における東方主義は、20世紀後半の異文化交流の過程で徐々に矯正され、東洋はもはや神秘的な国ではなくなり、日本は先進国の仲間入りを果たした。韓国、台湾、中国、東南アジアの経済も驚くべき成長傾向を見せている。

しかし、地政学的観点では、西洋中心主義が支配的であり、東方主義の幽霊はいまだに戦略的思考を利用して東洋のチェスの駒を操作し、チェス盤上での優位性とゲームでの勝利を追求している。

アダム・スミスが『道徳感情論』で説明したように、システムの上に立つ人々は、チェス盤上の駒を自分の手で操作できると考えているようだ。しかし、人間社会という広い世界では、すべての駒には独自の行動原理がある。

地政学というチェスにおいて、東アジアは駒になることを望まない

地政学的チェス盤上では、各チェスの駒も国益に翻弄されるのではなく、自らの国益に従って行動原則を決定する。特に東洋諸国の急速な経済成長は国際政治への影響力を持ちつつあり、近代的な東洋諸国と伝統的な西洋諸国の世界観が別のレベルで競い合っている。

ここで強調しなければならないのは、東洋主義の地理的思考の亡霊を追い払うことは、西洋の地理的思考に対決することではなく、西洋中心主義を排除して独自の地理的戦略的思考を形成するということである。

つまり、西洋と東洋の地理的な考え方の違いを明確にする必要がある。歴史的・文化的背景としては、中国やインドの数千年にわたる古代文明など、東洋には豊かで多様な文化と歴史があり、それらは東洋の観点から地政学に大きな影響を与えている。西洋の地政学はギリシャ・ローマ文明やキリスト教の伝統の影響に加えて、西洋諸国の歴史的および文化的なつながりがあり、共通の地政学的な考え方が形成されやすくなっている。

国家制度と政治制度レベルに関しては、その違いが地政学的な意思決定に影響を及ぼす。

例えば、東洋には中国、北朝鮮、ベトナムなどの共産主義国家、インド、日本、韓国などの民主主義国家、サウジアラビア、タイなどの君主制国家など、さまざまな政治体制がある。西側諸国は主に、選挙、自由なメディア、政府の分権を重視する民主主義制度を採用している国だ。

地域紛争と協力のレベルで見ると、東洋は地理的にも政治的にも多様な地域であり、南シナ海紛争、インドとパキスタンの関係、朝鮮半島問題、台湾海峡の緊張など、潜在的な地政学的紛争のホットスポットが数多く存在する。第2次世界大戦後、地域開発の過程で、ＡＳＥＡＮや上海協力機構（ＳＣＯ）などの協力メカニズムの確立に成功したが、東洋の地政学的構造がより複雑で、より多くのものが関与していることは明らかだ。西洋については、ウクライナ危機などの地域紛争もあるが、ＥＵをベースとした地政学的な協力が主流となっている。

最後に、大国の役割と影響力のレベルでは、中国、インド、日本などの世界最大級の経済大国が集まり、これらの国々は地域情勢や国際情勢において重要な機能を果たしているだけでなく、地政学的な影響力強化も図っている。西洋諸国は引き続き国際情勢において重要な役割を果たしているが、東洋の大国の台頭は世界の地政学的な状況を変化させ、西洋にも影響を与えている。

東洋と西洋の本質的な違いに加えて、東洋諸国には独自の計画がある

地政学に対する東洋と西洋の見方には実際に多くの違いがあることが分かる。しかし、詳しく見てみると、同じ東洋であっても、異なる文明的背景や政治的要因の影響を受けて、各国は異なる地理的思想を形成している。

例えば、中国は西洋諸国が一部の東アジア諸国と団結して地理的に包囲していると考えており、したがって、中国の地政学的焦点は考え方において西洋中心主義と対峙するだけでなく、地理的に包囲網を突破することにもある。

日本としては、中国は現状打破を意図しており、地域の安定と日本の安全に対する脅威の源となっていると考えている。そのため日本の地政学的戦略の焦点は、西洋の地政学的な考え方に基づいて国家安全保障と地域の安定を確保するために米国と協力することにある。

東アジア諸国の核心的利益の核心とは何か

19世紀末から20世紀初頭にかけて、西洋帝国主義諸国は積極的に海外へ進出し、東アジ

アに植民地を築き、１８４０年の中国でのアヘン戦争をはじめ、１８５６年のアロー戦争、そして１８６３年の日本における薩英戦争、１８６４年の下関戦争などの紛争、戦争を引き起こした。

西洋帝国主義の脅威に直面して、東アジア諸国は東アジアの独立の可能性を模索し始めた。その中で、孫文氏の大アジア主義はアジア諸国の団結と協力を掲げ、帝国主義や外部勢力の侵略に抵抗し、自治と独立を達成することを主張したが、この理念は結局実現しなかった。

言うまでもなく、中国は国内の政治的、社会的変革の過程にあり、同時に外部勢力からの干渉にさらされていた激変の時代だった。しかし、比較的安定しており、外部勢力による明白な干渉がない平和な時期であっても、東アジア地域が共通の核心的利益を形成することは依然として容易ではない。その主な理由は、この地域にはそれぞれに特有の事情がある複数の国と地域が含まれており、それぞれが自身の歴史、文化、政治的・経済的優先事項、地域の関心事などを持っているためだ。

中国の脅威、東アジア諸国の発展と安全保障の優先順位

東アジアの地域利益の性質は多様性にあるが、すべての国の優先事項は依然として国家

安全保障上の利益であり、すべての東アジア諸国は軍事紛争の防止、国境を越えた犯罪との闘い、テロへの対応、国家主権と領土保全の確保など、地域の平和、安定、安全を確保することを望んでいる。

しかし、国家安全保障の名の下での具体的な政策の実施については、各国間に大きな隔たりがある。例えば、北朝鮮はこれを理由に核兵器を開発しており、日本はこれに反対している。中国は両岸統一を促進するために武力行使も辞さないが、台湾は中国に対抗するために防衛力を強化することを選択した。

経済協力や貿易のレベルでも同様だ。東アジア地域には中国、日本、韓国、台湾、東南アジア諸国などの経済大国が含まれており、巨大な市場と生産性を有し、重要なサプライチェーンを支配しており、世界の経済成長と国際貿易に大きな影響を与えている。

繁栄と発展が東アジアの鍵であることは否定できないが、国が異なれば、発展と安全保障の間で異なるトレードオフを行う可能性がある。貿易協力を拡大することで紛争を減らすことができるとする国もあれば、脅威となる国々に対して経済的な封じ込めや経済制裁を課すべきと主張する国もある。

実際、国の核心的利益には安全保障と発展に加えて、政治的安定、気候変動、科学技術の発展、文化と教育などが含まれる。国にとって、どちらの核心的利益がより核心的だろうか。最も重要なことは何なのか。

図表3-4-1　核心的利益に基づく安全保障と開発の優先順位

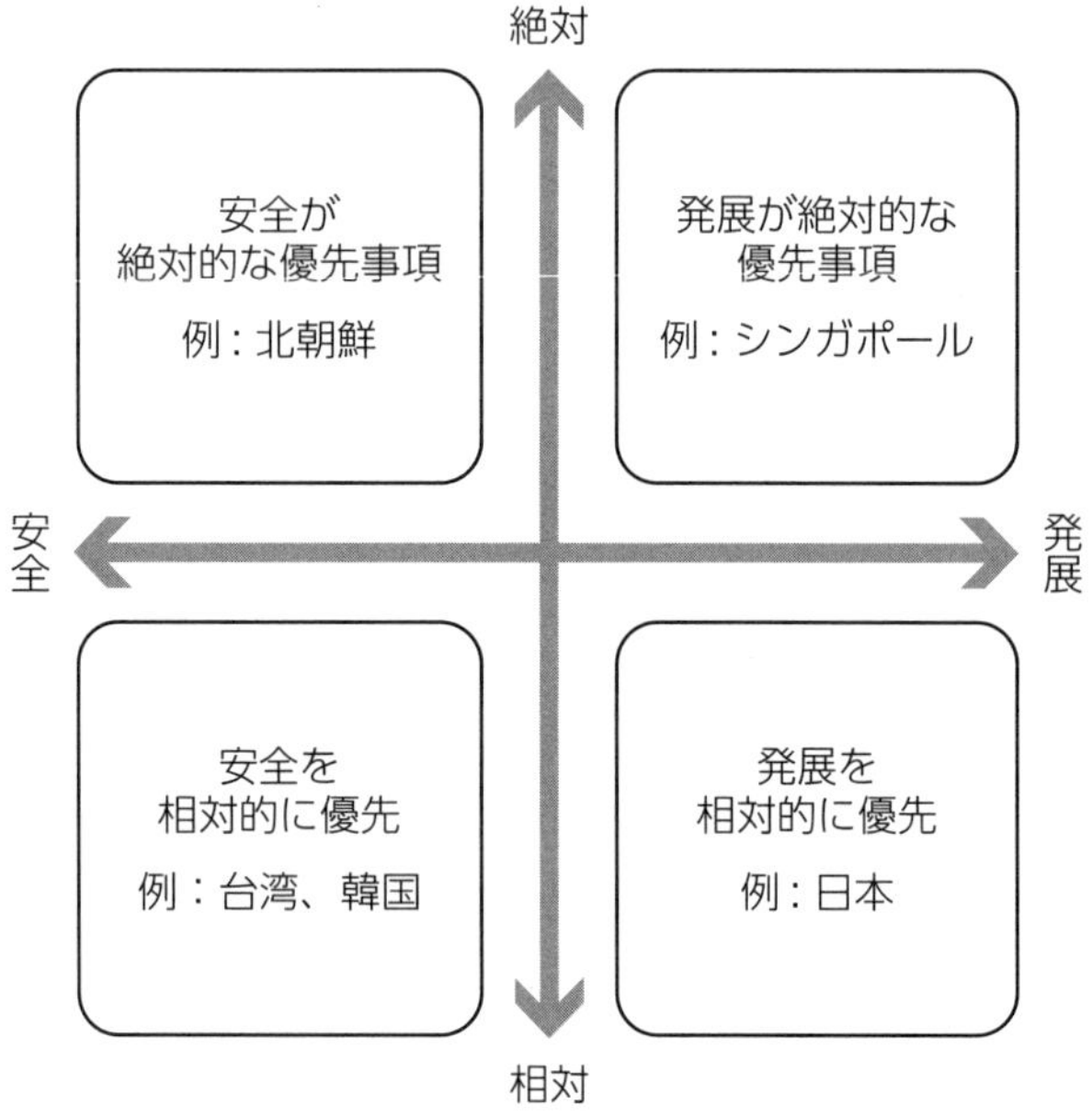

この議論は通常、安全保障と開発の2つの側面、つまり、安全保障を優先すべきか、発展を優先すべきか、それは絶対的な優先順位か、それとも相対的な優先順位かという点を中心に展開する。

冷戦初期の東アジアでは、核心的利益の観点から安全保障を絶対的に優先した。冷戦後、国際情勢の変化に伴い、安全保障は徐々に相対的な優先事項となっていった。1990年代以降、グローバル化と中国経済の台頭の中で、東アジア諸国の核心的利益に対する考え方は、発展を相対的に優先する方向にさらに変化してきた（**図表3-4-1**）。

例えば、中国の台頭の初期には、日本、韓国、台湾、東南アジア諸国を含むほぼすべての東アジア諸国が発展の核心的利益を優先することを選択し、いずれも中国経済の急速な成長で一定の経済的成果を達成した。

しかし、中国の台頭の中期から後期にかけて、これら東アジア諸国は軍事的脅威の増大に直面し、安全保障を優先する戦略的思考に転じた。中国の脅威に直面していない東南アジア諸国は、依然として相対的に発展を優先している。

東アジアにおける領土と主権の紛争は止まらないが、発展し続けている

異なる側面から理解しても、東アジア諸国が共通の核心的利益を形成することは難しいが、だからといって核心的利益を共有できないわけではない。東アジア諸国の核心的利益を再検討する前に、安全保障と発展の問題に直面したときの西洋と東洋の考え方の違いから始めよう。

第2次世界大戦後、西洋諸国（特に西欧諸国）の安全保障問題は急速に解決され、特に主権と領土を巡るいくつかの紛争は主に英国の北アイルランド問題、フランスのコルシカ島問題など国内の自治と独立の要求によるものだった。未解決の安全保障問題については、多国間による調整メカニズムが頼りになった。

しかし、アジアのほとんどの国は戦後に設立されたばかりで、元の西洋の植民地が新しい国を設立した後、主権と国境問題が最終決定される前に冷戦の二極対立に巻き込まれた。

こうした領土問題は今日もなお残っており、アジアは世界で最も領土紛争が多い地域となっている。多くの東アジア諸国および近隣諸国国家間の国境紛争には、実際には領土主権、歴史紛争、民族問題が含まれている。

例えば、中国と台湾の紛争、中国とインドの国境問題、朝鮮半島の分断などだ。南シナ海と東シナ海での紛争と同様に、それらはすべて東アジアにおいて物議を醸す問題だ。東アジア諸国は領土や主権を巡る紛争はあったが、目覚ましい経済発展の成果を上げてきた。

歴史的に見ると、朝鮮戦争、ベトナム戦争、アフガニスタン戦争など、東アジアで起きた戦争は、それぞれ背景や要因は異なるものの、大国間の力競争の結果であることがほとんどだった。これは西洋を東アジア戦争の首謀者と見なしているのではなく、戦略目標を達成するための手段として戦争を利用するという19世紀以来の西洋の主流の地理的戦略思想によるものだ。結果主義の観点からすれば、東アジア諸国は安全保障と発展という課題に同時に取り組むことができた。このときの、東アジア諸国の核心的利益は発展だったと見なすことができる。

例えば、２０２２年には台湾海峡の両岸で激しい対立があったが、中国と台湾の貿易額は３０００億米ドル以上を維持した。中国と日本は東シナ海で領土問題を抱えているが、両国間の貿易額は３５００億米ドルを超え、日本と韓国は竹島（独島）を巡る紛争を抱えていながら、両国間の貿易額は８５０億米ドルである。

さらに、東アジアは長年にわたって世界経済の成長の原動力であり、中国や日本などの経済大国のほか、テクノロジー産業の主要なサプライチェーンを支配する韓国や台湾も含まれている。したがって、貿易の促進、外国投資の誘致、国内の生産性の向上、安定した経済成長の維持によって安全保障と発展の両立を目指すことは、東アジア諸国の重要な核心的利益である。

東アジアに平和の架け橋を築く

地政学とその拡張された地理的思考は、国家の発展を強化するため、あるいは国家安全保障を確保するために地政学を利用するかどうかにかかわらず、競争意識を払拭することはできない。

歴史的には、地政学に基づく安全保障リスクに対する各国の認識が、国家間の競争が最終的に平和につながるか、戦争につながるかを決定してきた。例えば、第２次世界大戦は、ドイツが地理的な生存圏を求め、オーストリアとチェコ共和国を併合した後、将来起こり得る戦争で有利になるために拡張主義に向かって進んだことで引き起こされた。１９３９年９月１日にドイツがポーランドを攻撃したことで、第２次世界大戦が勃発した。

第2次世界大戦が人類史上初の総動員戦争であったことは注目に値するが、参加国は軍隊の武装に加え、総力戦の形で国民の支持を得て戦争に勝つために、さまざまなメディアを通じて侵略戦争や合理化された戦争を批判した。

戦中・戦前のメディアの役割

戦時中、メディアの役割は「唱和する者」「応援団長」そして「対抗者」にすぎなかった。メディアが政府から提供される情報を受動的に入手することしかできず、その情報を検証する能力が法律によって制限されている場合、メディアは戦争の「唱和者」になりやすい。国内に愛国的雰囲気の高まりを感知すれば、メディアは政府の対応や唱和する役割を果たしながら、世論を戦争支持へと導き、愛国心の「応援団」となる。また、理想に基づいて、あるいは国内の厭戦意識を背景に、徹底した戦争批判を行い、戦争の「対立者」となるメディアもある。

以上が戦時中にメディアが果たす役割であるが、戦前のメディアの役割はさらに重要だ。一般的に言えば、国の戦争か平和への傾向に影響を与える地理的リスクに対する認識は、国際システムや国内情勢によっても変化し、マスコミの報道にも影響を受ける。

地理的リスクに関するメディアの分析と報道は、読者の注意を引くためである場合もあれば、新たな知識の仲介者であるとする場合もある。また、メディアの本来の目的は戦争推進ではないが、戦争を促進・拡大するツールになる場合もある。例えば、第2次世界大戦中の日本では、新聞の売り上げを増やすことを目的に主流メディアが勝利を誇張して報道し、敗北を意図的に無視した。その結果、一般の日本国民は日本軍が戦場で無敵であると錯覚し、戦争を支持した。

もちろん、メディアの批判や抵抗によって戦争が回避されたり、早期に終了したりすることもある。例えば、ベトナム戦争では、関連する報道に関して米国のメディアが分裂し、その結果、米国国内政治に深刻な分裂が生じた。ベトナム戦争も終盤に入り、米国は徐々に戦意を喪失していった。

ここ数年、メディアはしばしば地政学を利用して国益を促進し、国民の世界観や国の戦争認識に影響を与え、地理的リスクの伝道師の役割を果たしてきた。海外メディアが最も頻繁に言及する地理的リスクの１つが台湾海峡の情勢だ。

例えば、２０２１年4月の日米首脳会談では、日本は台湾海峡の平和と安定の重要性を強調し、『防衛白書』にそれを盛り込んだ。その後、日本の安倍元首相のメディア談話を通じて、「台湾有事は日本有事」という議論が展開された。米国のシンクタンクである外交問題評議会（ＣＦＲ）は２０２１年1月に『予防優先事項調査』を発表した。調査では、米国の利益に影響を与える第１レベルのリスクとして台湾海峡危機を挙げている。中国に関しては、2022年9月以降、政府間の会談や公式メディアの報道を通じて、「台湾問題は中国の核心的利益の核心である」と強調してきた。

こうしたリスク認識の下で、東アジアに平和への橋を架ける方法としては、以下のようなものが考えられる。

平和への第1の橋：メディアによる正しい報道

「台湾有事は日本有事」「台湾海峡の危機は米国の利益に影響を与える第一級のリスク」「台湾問題は中国の核心的利益の核心である」といった地理的リスクが、時間差なくさまざまなメディアで報じられている。国際社会の認識としては、これらが台湾海峡での戦争の可能性を高めたことは間違いない。

最も代表的な例は、英国の『エコノミスト』誌が台湾について、「世界で最も危険な場所」と表現し、国際社会がどのように「台湾のために戦っているのか」を繰り返し報道していることである。

その後、米中の競争が激化するにつれ、世界の主要メディアは台湾海峡を戦争の可能性がある地域と見なした。メディアの報道を通じて、台湾海峡の地政学リスクは上昇するサイクロンのように国際社会を襲い、台湾問題を巡る主要当事者は、さまざまな地理的リスクのメッセージを受け入れた上で「認知上の戦争」を形成した。

近い将来、この認知戦争が本当の戦争になるかどうかは、重要な周辺国の指導者の意思決定だけでなく、前述のメディアによる唱和者、応援団、対抗者、伝道者としての役割も、その影響力において極めて重要となる。つまり、「メディアによる地政学リスクの正しい報道」こそが、東アジアの平和への最初の架け橋となるのだ。

平和への第2の橋：バランスの取れた思考の原則

東アジアの平和への第2の架け橋は、現実主義的な「バランスの取れた思考」だ。リアリズム（現実主義）は、各国が常に自国の利益の追求を優先し、国際競争において権力と安全を追求することを主張する。国家間の競争と利益衝突に関しては、現実主義は力の均衡と恐怖の均衡の原則の下で地域の平和と安定を確保する。

力の均衡の概念を通して中国リスクを考えると、中国が国際的なパワーバランスをもたらし、これが新たな競争と不確実性を引き起こす課題が強調される。対応策は地域諸国が同盟を強化（米国、日本、韓国など）し、台湾、日本、韓国の軍事近代化を促進し、外交的圧力（米国の対中国政策など）を行使して、東アジアの安定を確保することである。

恐怖の均衡とは、国家間の軍事兵器と能力が十分に強力であり、戦争を行うと関係者全員に壊滅的な結果をもたらす状態を指す。戦争は壊滅的な結果をもたらす可能性があるため、このバランスにより、国家が軍事行動を起こすことが妨げられる。

冷戦時代、米国の「相互確証破壊（ＭＡＤ）」戦略は、恐怖との均衡の思想に基づくものだった。この戦略政策は、一方の国が他国に対して核兵器による攻撃を開始した場合、攻撃された国は報復として核兵器を使用し、最終的には両国の破滅につながるので、どちらも軽率に戦争を始めることがなくなると主張している。

恐怖の均衡という語は、相手方が許容できない損失に直面することを知っているために敵対的な行動をとるのを防ぐ抑止力を指したり、その関連用語として使われたりすることもある。中国や北朝鮮を含む東アジアにおける既存の潜在的な脅威に対する現在の米国主導の抑止戦略は、この地域における米軍とその同盟国の軍事能力を強化することである。

ただし、抑止戦略を推進する際には、２つの重要な原則を理解する必要がある。１つは、抑止力は機能すると信じられるものでなければならないというものだ。機能しないと見なされると、抑止効果が弱まってしまう。もう１つは、円滑なコミュニケーション手段を持っている必要があるということだ。抑止力の目的は現状の安定を維持することにあり、スムーズなコミュニケーションチャンネルがなければ、双方の誤った判断や事故、さらには紛争を激化させる行為につながりやすい。

平和への第3の橋：国際メカニズムの相互依存

リベラリズム（自由主義）が強調する「国際メカニズム」は、東アジア平和への第3の架け橋である。自由主義はまず経済的な相互依存を重視しており、国家間の経済的結びつきが高まることで戦争の可能性が減ると考える。戦争は経済に深刻な損害を与える可能性があるため、各国は平和を追求する傾向が高まり、紛争を解決するという意味だ。次に、リベラル派は、国際協力と協議を促進するために国際機関と多国間主義を強化することを主張しており、これらの機関は国際紛争に対処し、国際規則と基準を策定するための調整メカニズムを提供することができる。最後に、自由主義は、国際紛争を解決するための主な手段として外交協議と交渉を重視する。各国は武力に頼るのではなく、対話と協力を通じて共通の解決策を見つけることができる。

かつての東アジアは、民主化の進展（韓国や台湾の民主化など）、地域経済の相互依存の深化（域内貿易量の大幅な増加）、など、リベラルな雰囲気に満ちていた。多国間機関（ＡＳＥＡＮ、ＡＰＥＣなど）の設立と運営も同様だ。

近年の東アジアでは、現実主義的な雰囲気が地域諸国の外交政策、経済貿易政策を支配している。しかし、力の均衡と恐怖の均衡のコストや軍拡競争から生じる可能性のあるリスクと比較すると、リベラルな考え方は、東アジア諸国が平和を追求するための選択肢の

1つであることに変わりはない。

実際問題として、中国のＣＰＴＰＰへの参加申請は検討に値する大きな議題である。西洋諸国は１９９０年代にはすでに、リベラルな考え方の下、中国に対して国際経済貿易メカニズムへの参加を許可すれば、中国国内の平和的進化を促進し、政治的民主化を達成でき、それによって中国の台頭によってもたらされる脅威を軽減できると信じていた。しかし、この試みは交渉過程で中国に過度な譲歩をしたこと、中国政府が「反和平演変」（平和的手段によって中国体制を崩壊させることに反対）の政治運動を推進したことなどの理由で最終的には失敗に終わった。一方、中国は国際経済貿易メカニズムをプラットフォームとして活用し、急速な経済成長を達成する機会ととらえている。

前述の経験により、米国、日本、その他の国々は中国のＣＰＴＰＰへの参加申請に懐疑的かつ慎重になっている。結局のところ、ＣＰＴＰＰによって設計された高水準の経済貿易規制は、もともとは経済同盟を確立するために設計された。中国にとって、このような高い基準を満たすことは極めて困難なため、中国を封じ込めるための経済メカニズムとも見られている。

そのため、中国が参加を申請した際、米国や日本などの主流意見は否定的なものだった。しかし、過去の失敗経験を思い出せば、交渉過程においてＣＰＴＰＰの規範を中国の関連制度に具体的に導入することが確実にできるとの意見もある。このようにして、平和と繁栄を維持するための自由主義に基づく国際メカニズムを東アジアに確立する機会が生まれている。

平和への第4の橋：信念とアイデンティティー

4番目の架け橋は、建構主義（構成主義）の「信念とアイデンティティー」だ。建構主義では、国家の行動は権力と利益の考慮に基づいているわけではなく、主に概念、信念、アイデンティティーによって形成されるとする。そして平和は国家間の概念と認識を変え、国際システムにおける規範と価値観を変えることで達成できるとする。

過去、建構主義によって推進された国際規範や価値観は、人権、民主主義、自由、法的管理などの普遍的価値に基づいており、日本、韓国、台湾では成功したが、中国でつまずきに遭遇している。中国がそうだからといって、建構主義的な信念やアイデンティティーが東アジアの平和の基礎になり得ないという意味ではない。

民主的な価値観に加えて、中国と近隣諸国、さらには西洋諸国との間には、協力して地球規模の気候変動の課題に立ち向かうという共通の信念とアイデンティティーが依然として存在している。地球温暖化は地政学的リスクを超えた大きな危機であり、主要国の協力により徐々に改善可能となる。

特に、米国と中国は世界2大二酸化炭素排出国であるため、温室効果ガスの排出量削減と気候変動との闘いにおける協力は、持続可能な世界の発展にとって極めて重要となる。建構主義に基づき、気候変動に対処する国際規範を積極的に前進させることで、中国は、米国、日本、その他の主要国とともに世界規模の気候変動対策の模範を示すことができる。また相互関係を改善し、東アジアの緊張を緩和する機会を得ることができる。

結び

2040年は繁栄の時代か、それとも制御不能の時代か

高知市桂浜には、高さ14メートルの巨大な坂本龍馬の銅像がある。着物を着て右手を懐に入れた、この坂本龍馬は、太平洋の大きな波を眺めながら、日本の次なる一歩について考えた人物である。当時は開国と鎖国の国内紛争と、西欧列強による外部の脅威があった。坂本龍馬はその暗闇の果てに光を見出し、夜明けを迎えるために日本を「洗い直す」ように呼びかけた。

坂本龍馬がこれまでの歴史を踏まえ、日本の現状と今後の進むべき道を考え、日本を変えるための次の一手を提言したのが有名な「船中八策」であり、日本はこれを出発点として明治維新の歴史をスタートさせた。

世界は現在、地政学的に暗いトンネルに入りつつある。東アジア諸国にとって、台湾は地政学的焦点であり、潜在的な紛争点である。中国は台湾を民族統一の終点であり、海洋戦略の出発点と見なし、東アジア諸国やインド太平洋地域の海洋諸国を直接脅かしている。

幸いなことに、台湾は東アジアの地理的中心であるだけでなく、海洋民主主義の価値観

と半導体産業の連結点でもある。「チェーンパワー」を基礎とし、国益を出発点とする台湾の地政学的思考は、現在の地政学的暗いトンネルを照らす光である。

世界的な反中国下での台湾のユニークな存在

西洋の主流メディアの見方では、台湾は欧州と米国にとって中国と戦うための強力な武器となる。英国の『フィナンシャル・タイムズ』紙は２０２３年４月、「台湾の存在は世界の政治的自由、経済発展、勢力均衡に直接影響を与える」と報じた。これら３つの主要な存在価値はすべて中国に関係している。

今後、台湾で有事が起こるかどうかで、２０４０年が繁栄の時代となるか、制御不能の時代となるかが決まるだろう。

中国が新たな秩序を確立しようとする場合、まず台湾を獲得し、次に地政学的、地経学的な主導権を握るだろう。中国は、自国において資源需要が大幅に増加すると、重要な資源を手に入れるためにハードパワー（武力）を利用する傾向があり、これにより大国との武力紛争のリスクが高まる。

中国が発展を優先するならば、台湾問題に対して、平和的に対処するだろう。そして、中国は環境問題や社会問題を克服し、強い社会的信頼を蓄積し、共産党の権威を維持するだろう。中国経済は独自の発展モデルを持っており、効率的なインフラ開発や対外援助プログラムを通じて世界経済との密接な関係を維持している。中国の経済発展は南北問題の解決と世界的繁栄の創出に貢献できる。

「台湾」の4つの地理的戦略とは

もちろん、インド太平洋と東アジアの秩序の要とされる台湾も、中国問題から離れることはできない。複雑かつ刻々と変化する国際情勢の中で、自らの地政学的な価値をどのように正しく認識していくのか。台湾は戦略的観点から地政学の暗いトンネルにどのような光をもたらすことができるのか。

台湾としての最初の戦略は、国際メディアプラットフォームを通じて台湾の戦略的観点を議論し、宣言することである。この地理的戦略の観点は、外国政府やシンクタンクから見た「不沈空母」「潜水艦補給基地」「米中競争の緩衝材」「海上ライフライン拠点」などではない。台湾の利益に基づいた地理的戦略であり、台湾の「チェーンパワー」について議論し、その力を発揮するものになる。さらに、地理的リスクに関するコメントや分析に対して、国際世論に台湾の意見を採り入れ、すべての関係者の立場に立った客観的な情報を提供する必要がある。

第2の地理的戦略として、東アジアにおけるパワーバランスにおいて効果的な抑止力のある防衛力を維持することが必要だ。ここでは、政治的および経済的安定、国を守る国民の意欲と決意、予備軍戦力の強化など国内の体制を整える必要がある。さらに、近代的な武器調達、国防装備の自主研究開発、集中的な軍事演習や訓練など、国際的要因による国際安全保障協力や国際舞台への参加も必要となる。

第3の地理的戦略は、経済およびサプライチェーンの競争力を通じて東アジアの地域経済および貿易メカニズムに参加することだ。台湾経済は輸出と国際貿易に依存しているが、テクノロジーのサプライチェーンでも重要な役割を果たしている。東アジアの地域経済統合を発展させる過程において、台湾の参加は自国の経済発展を強化するだけでなく、地域の競合諸国との安定したつながりを提供することになる。言い換えれば、さまざまな国と経済・貿易関係が緊密な台湾は、東アジアの地域経済・貿易メカニズムへの参加を通じて、米国、中国、日本などの競合諸国間の経済関係を強化し、地域の平和と安定性を促進することができる。

台湾の第4の地理的戦略は、民主政治を深化させ、両岸の交流を通じてそれらを共通の価値観と信念に徐々に変えていくことだ。中国は常に西側の自由民主主義的価値観に対して非常に敵対的であり、それを共産党の支配を転覆するための外国のイデオロギー的武器と見なしている。台湾の民主政治の発展に関しては、中国はそれを国内の問題と見なしている。台湾は主権と自主性を堅持することを前提に、両岸の文化・教育交流を通じて、民主主義と自由という普遍的価値を、強い抵抗感から正式な挑戦へと変えることができる。

過去の歴史では、台湾の支配権を獲得、あるいは維持するために、東アジアを舞台として、鄭成功の台湾攻撃、澎湖海戦（施琅攻台）、甲午戦争（日中戦争）、太平洋戦争などの戦争があった。現在では、台湾における地理的戦争リスクが徐々に形を現しつつあり、台湾は世界４大火薬庫の１つとも見なされている。

１９５４年に出版されたファンタジー小説『ロード・オブ・ザ・リング』（邦題『指輪物語』、評論社）シリーズは、世界を支配できる「指輪」を中心とした冒険物語だ。物語は失われた指輪が再び現れ、さまざまな勢力間の紛争を引き起こすところから始まる。

小説では、指輪は権力の象徴で、所有者はそれによって強大な力を得ることができるが、最終的には狂い滅びる。『ロード・オブ・ザ・リング』のファンタジーな世界観と権力の描写は、世界中の読者の共感を呼んだ。なぜなら、『ロード・オブ・ザ・リング』における権力の誘惑は小説の世界だけでなく現実の世界にも存在するからだ。

現実世界の指輪は、国力を高めることができる地政学上の戦略的な場所だ。主要国は「地理的な指輪」を熱望し、それを国力強化に利用したいと考えているため、これらの戦略的拠点はしばしば紛争や戦争の危機に瀕し、地政学では「火薬庫」とも呼ばれ、広範囲に影響を及ぼす場所となっている。

東アジアにおける地理的な指輪と見なされる台湾は、これまでも、そして今も重要な国々が競い合う地域である。小説『ロード・オブ・ザ・リング』のあらすじに話を戻そう。物語では、ほとんどすべての種族が指輪の力を待ち望んでいたが、指輪の誘惑によって理性を失った。平和を愛し、友好的なホビットだけが、指輪の誘惑に抵抗できた。物語の終わりに、指輪は最初に作られた場所に戻り、滅びのクレーターの炎の中に消え、指輪によって引き起こされた権力の誘惑と戦争の危険が終わる。

言い換えれば、大国はこれまで東アジアの地理的指輪の誘惑に抵抗できなかったため、地政学的な戦争のリスクを排除する鍵は大国の手にはないということだ。戦争のリスクを排除し、地政学の暗いトンネルに光を見出す鍵は、台湾人自身の手にある。平和を愛し、友好的な台湾人は、指輪に会っても冷静でいられるのだ。

今後も、「台湾の地理的戦略」を核として台湾に焦点を当てた議論は、さまざまなメディアや政治・経済分野で、様相や内容を変えて登場し続けるだろう。その中心に位置する台湾は、常にその時々の情勢の変化に注意を払い、「台湾のチェーンパワー」を堅持し、国際地政学・地経学の変化に対応していく必要がある。

あとがき

台湾人にとっての地政学

２００１年、私が博士号を取得するために日本の京都大学大学院経済学研究科に入学したとき、将来の博士論文のテーマについて迷った時期があった。文献を読んで研究した後、私は通貨システムを通じて国家がどのように内外の権力を行使するかを分析するために「国家権力と通貨システム」を研究することに決め、２００６年に経済学の博士号を取得した。

この研究テーマにより、私の関心は経済安全保障に向けられた。10年後の２０１６年、私は国家安全保障、国際経済貿易、科学技術開発、エネルギー供給問題に焦点を当てた『日本の国家安全保障に関する経済的展望：経済安全保障の観点』という本を書いた。本書は、日本外交と日台関係を経済安全保障の観点から分析した日本と台湾の学界初の著書である。この本が出版されてから6年後、日本政府は「経済安全保障推進法」を成立させ、経済安全保障を国家戦略として位置付けた。

これらの研究を通して私が何を考えたかに言及するのは、国際問題の分野での本研究の先進性を示すためではなく、経済こそが安全保障を決定する最も重要な要素であるという、私の考えを皆さんに伝えたいからだ。日本の安全保障や外交戦略を論じるとき、経済安全保障が最重要ということは特に顕著になる。台湾でも同様に、経済安全保障が最重要だと私は考えている。

台湾と日本の地域安全保障状況が部分的に類似していることを鑑み、両国が直面する共通の脅威を考慮して、私は、台湾と日本の間の交流を深めるのに役立ち、国際政治経済の動向に沿った新たな問題について考えてきた。列島線の安全保障問題は非常に重要だが、台湾と日本の間には正式な安全保障対話が存在しない。民主的価値観は台湾と日本の交流の基礎だが、それが政策対話の内容になることはほとんどない。

２０１６年、鴻海精密工業によるシャープの買収は、台湾と日本の間で最も重要なニュースとなった。技術サプライチェーンにおける台湾と日本の交流は政策段階にまで飛躍している。それ以前は、日本は完成した試作品を台湾に引き渡して生産する傾向にあった。しかし２０１６年以降、台湾の技術と製造能力は日本のあらゆる階層の注目を集めるようになった。２０２１年、台湾積体電路製造（ＴＳＭＣ）は日本の熊本に投資してウエハー工場を設立し、台日関係の将来の傾向を確立した。私は、「経済安全保障」における科学技術協力が、日台関係を次の段階に進めるための重要課題だと考えている。

この変化する危機的な時期に、私は『明白文化』編集長の林奇伯氏と会う機会に恵まれ、地政学下での台湾情勢や近隣諸国の地理的戦略について、多くの熱い意見交換をし、この本を出版することができた。

本書の構成を考える際、私は当初「台湾人のための地政学」を執筆の方向性として考えた。しかし実際に書き始めると、私が長い間考えてきた経済安全保障、技術サプライチェーン、地域安全保障、日台関係などに関する学術的観察が徐々に「チェーンパワー」という中心概念に凝縮していった。私がチェーンパワーという概念を提案し、林奇伯氏と議論したところ、出版社は即座に台湾のチェーンパワーを本のタイトルと中心的な内容として使用することを決定した。この本が完成した後、私はチェーンパワーという概念が東アジアの地政学の分野に新たな研究領域を切り開き、台湾の地理的戦略に新たな道を提案すると確信した。

小説『二都物語』の中で、チャールズ・ディケンズはフランス革命中の劇的な変化を表現するために、「それは最良の時代であり、最悪の時代でもあった」という有名な導入文を書いた。混乱と不確実性、そして機会と挑戦が共存する現在の国際政治経済状況は、小説で描かれている状況と部分的に似ている。ここで、ディケンズの言葉を借りて、本書の最後の総括とする。

「台湾にとって今は、最良の時代であり、最悪の時代でもある」

台湾はそのチェーンパワーにより、自らと世界にとって最良の時代を選択し創造する能力を持っている。

鏈實力：島鏈、供應鏈、民主鏈，新半導體地緣政治學
by 李世暉

Published by arrangement with Crystal Press Ltd. through Bardon-Chinese Media Agency

李 世暉 (Li Shih Hui)

台湾・政治大学国際事務学院日本研究学科教授／台湾日本研究院理事長。京都大学大学院経済学研究科博士。慶應義塾大学SFC研究所上席所員、同大学政策メディア研究科特別招聘教授、台湾立法院「半導体戦略国会議員連盟」顧問などを歴任。専門分野は、日本の経済安全保障、日本科学技術政策、日本外交。2021年、台湾初の日本研究シンクタンク「台湾日本研究院」の設立に着手し、創立理事長を務める。

// 半導体最強 台湾
大国に屈しない「チェーンパワー」の秘密

2024年7月29日　第1版第1刷発行

著者	李 世暉
編集者	中道 理、大下淳一
編集協力	加藤樹子
発行者	浅野祐一
発行	株式会社日経BP
発売	株式会社日経BP マーケティング
	〒105-8308　東京都港区虎ノ門4-3-12
装丁	小口翔平＋畑中 茜（tobufune）
制作	土井直明（市川事務所）
校正	佐々木三奈
印刷・製本	TOPPANクロレ株式会社

ISBN　978-4-296-20521-9
Printed in Japan